A Bolsa no bolso

Confira as publicações da Coleção FGV de Bolso no fim deste volume.

FGV de Bolso
Série Economia & Gestão
28

A Bolsa no bolso

Fundamentos para investimentos em ações

Moises & Ilda Spritzer

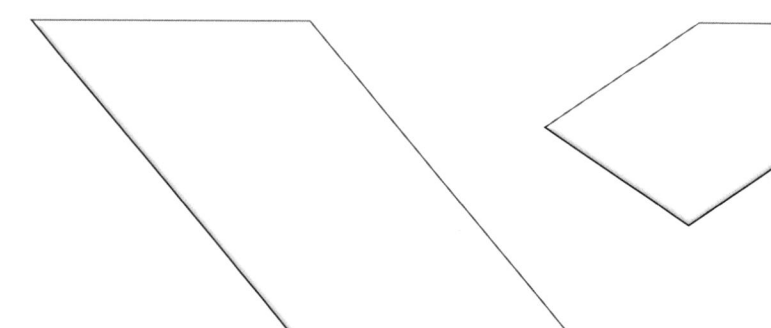

Copyright © Moises e Ilda Spritzer

1ª edição — 2013; 1ª reimpressão — 2013; 2ª e 3ª reimpressões — 2014; 4ª reimpressão — 2015; 5ª reimpressão — 2016; 6ª reimpressão — 2017; 7ª reimpressão — 2018; 8ª reimpressão — 2020; 9ª reimpressão — 2024.

Impresso no Brasil | *Printed in Brazil*

Todos os direitos reservados à EDITORA FGV. A reprodução não autorizada desta publicação, no todo ou em parte, constitui violação do copyright (Lei nº 9.610/98).

Os conceitos emitidos neste livro são de inteira responsabilidade do autor.

COORDENADORES DA COLEÇÃO: Marieta de Moraes Ferreira e Renato Franco
COORDENAÇÃO EDITORIAL: Ronald Polito
PREPARAÇÃO DE ORIGINAIS: Kathia Ferreira
REVISÃO: Marco Antonio Corrêa e Sandro Gomes dos Santos
DIAGRAMAÇÃO, PROJETO GRÁFICO E CAPA: dudesign

Ficha catalográfica elaborada
pela Biblioteca Mario Henrique Simonsen/FGV

Spritzer, Ilda Maria de Paiva Almeida
 A Bolsa no bolso : fundamentos para investimentos em ações / Ilda Spritzer, Moises Spritzer. - Rio de Janeiro : Editora FGV, 2013.
 144 p. (Coleção FGV de bolso. Série Economia & gestão)
 Inclui bibliografia.

 ISBN: 978-85-225-1375-8

 1. Mercado de capitais. 2. Investimentos. 3. Ações (Finanças). 4. Empresas – Avaliação. I. Spritzer, Ilda. II. Spritzer, Moises. III Fundação Getulio Vargas. IV. Título. V. Série.

CDD – 332.6

EDITORA FGV
Rua Jornalista Orlando Dantas, 9
22231-010 | Rio de Janeiro, RJ | Brasil
Tel.: 21 3799-4427
editora@fgv.br | www.editora.fgv.br

Aos nossos mestres e alunos,
que nos fizeram refletir sobre educação financeira.

Sumário

Introdução	9
Capítulo 1	
Conhecendo o mercado de capitais	**13**
Fluxo de recursos na economia	13
Dinâmica do Sistema Financeiro Nacional	21
Mercado de capitais	24
Características das operações na bolsa de valores	32
Títulos do mercado de capitais	*34*
Índice da bolsa de valores	*38*
Capítulo 2	
Avaliação de empresas	**43**
Valor da empresa	44
Análise fundamentalista da empresa	51
Principais demonstrações financeiras	55
Principais indicadores econômico-financeiros	63
Índices de liquidez e atividade operacional	*63*
Índices de estrutura patrimonial	*68*
Índices de rentabilidade	*71*
Indicadores de mercado	81

Capítulo 3
Fundamentos da análise técnica   **91**

Análise técnica   91
Tipos de gráfico da análise técnica   93
    Gráfico de barras   *94*
    Gráfico de Candlestick   *94*
    Gráfico de linhas   *95*
    Gráfico de colunas   *96*
    Histograma   *96*
Tendências de mercado   97
    Suporte e resistência   *100*
    Gaps   *101*
Candlestick   102
Ferramentas auxiliares de análise técnica   106
    Bollinger Bands   *106*
    IFR   *107*
    Moving Average Convergence and Divergence (MACD)   *109*
Capital Asset Pricing Model (CAPM)   110
    Coeficiente Beta   *112*
    Modelo CAPM para o Brasil   *115*

Capítulo 4
Roteiro para o investidor   **117**

O perfil do investidor   117
Tipos de investimento   119
    Composição da carteira e retorno dos ativos   *122*
    Administração profissional e direta   *124*
Roteiro para avaliação de investimentos em ações   126

Referências   **133**

Links para investidores   **137**

Introdução

> *"Todos, ao menos em parte, pensam economicamente,
> ou são um 'sujeito econômico' ou dependem de um."*
>
> Joseph Schumpeter (1983), tradução livre

O objetivo deste livro é apresentar a dinâmica das operações no mercado de capitais e os fundamentos para investimentos em ações. A compreensão dos fundamentos econômico-financeiros das empresas, aliada à análise técnica, permitirá ao investidor procurar as melhores oportunidades e as melhores condições para que seu conhecimento sobre o assunto possa ser transformado em comportamentos financeiros saudáveis. Isso permitirá melhores decisões financeiras, de forma autônoma e sustentável.

A Organização para a Cooperação e Desenvolvimento Econômico (OCDE) lançou em 2005 o documento "Princípios e boas práticas para a educação e conscientização financeira", em que é dito que a educação financeira deve ser considerada pelos governos um instrumento para o crescimento e a estabilidade dos regimes. Nesse sentido, sua finalidade é ajudar os indivíduos a enfrentar os desafios econômicos e a realizar seus sonhos por meio de ferramentas financeiras.

Em parceria com outras instituições, a Comissão de Valores Mobiliários (CVM) adotou a Estratégia Nacional de Educação Financeira. O objetivo é promover e fomentar a cultura da educação financeira no país - ampliando o nível de compreensão do cidadão para efetuar escolhas conscientes relativas à administração de seus recursos e contribuindo para a eficiência e solidez dos mercados financeiros, de capitais, de seguros, de previdência e de capitalização, visando à sustentabilidade do desenvolvimento do país.

A competitividade na economia exige das empresas investimentos contínuos em modernização, atualização, pesquisa e desenvolvimento de novos produtos e processos. Os investidores, por outro lado, possuem recursos financeiros excedentes que precisam ser aplicados de forma a que se valorizem ao longo do tempo, propiciando o aumento de capital do investidor.

As operações no mercado de capitais captam recursos dos investidores com a finalidade de financiar as companhias abertas para que realizem investimentos produtivos - como construção de novas plantas industriais, inovação tecnológica, expansão da capacidade, aquisição de outras empresas ou mesmo alongamento do prazo de suas dívidas - e, por intermédio de seus projetos de investimento, se tornem mais competitivas. Em contrapartida, os investidores recebem remuneração de acordo com os resultados obtidos pelos projetos de investimento implementados pelas empresas.

Tendo essa dinâmica em mente, o Capítulo 1 apresentará a estrutura do sistema financeiro nacional, e as operações no mercado de capitais. No Capítulo 2, são indicados, para escolha de uma empresa que pretende investir, os fundamentos da avaliação econômico-financeira e a utilização das demonstrações financeiras para o cálculo dos principais indicadores da análise fundamentalista. No Capítulo 3, para escolha do melhor momento de comprar ou vender, são discutidos os princípios da análise técnica e apresentadas suas principais ferramentas. No Capítulo 4, é oferecido um roteiro que pretende ajudar o investidor a atingir com sucesso os seus objetivos.

Capítulo 1

Conhecendo o mercado de capitais

"O conhecimento do mercado por parte do público investidor é o melhor instrumento para assegurar o progresso ordenado e virtuoso do mercado de capitais brasileiro. As iniciativas para a educação do público investidor ainda necessitam ampliar seu contingente, ultrapassar os limites dos grandes centros urbanos, além de se constituir um grande desafio para todos os interessados no desenvolvimento do mercado."

Santos (2008), ex-diretor da CVM

Fluxo de recursos na economia

A economia pode ser representada através de dois fluxos: o real e o monetário. Esses fluxos são compostos pelas famílias e pelas empresas que trocam dinheiro por bens e serviços, bem como por recursos de produção. Já os fluxos na moderna economia global ultrapassam as trocas entre bens e serviços e as transferências de recursos financeiros por meio de aplicações e empréstimos com o resto do mundo.

A função da intermediação financeira é viabilizar o fluxo monetário da economia, ou seja, permitir a transferência de recursos financeiros, em decorrência da defasagem entre os prazos de recebimentos e pagamentos, gerando aos agentes econômicos – indivíduos, empresas e governo – excessos ou necessidades temporárias de recursos. O fluxo real da economia abrange a produção e a circulação de bens e mercadorias e a prestação de serviços não financeiros, tais como comércio, transporte e comunicações. Os ativos reais representam os investimentos em máquinas e equipamentos que serão mantidos em função dos benefícios que podem prover.

A organização econômica no mundo moderno não seria possível sem a existência da moeda, do crédito e das instituições financeiras. Atualmente, a moeda cumpre não só as tradicionais funções de intermediária de troca, padrão de medida e reserva de valor, como indica as perspectivas econômicas do país que a emitiu, por meio de indicadores como taxa de juros, variação monetária e cambial.

O conjunto de instrumentos, mecanismos e instituições que compõe o sistema financeiro mundial assegura a canalização da poupança dos setores que possuem recursos financeiros superavitários para os que desejam ou necessitam de recursos para investimentos (deficitários). O desenvolvimento dos mecanismos de intermediação financeira está diretamente relacionado ao desenvolvimento econômico de um país, através da oferta de produtos e serviços especializados ao mercado, com maior agilidade e menores custos devido à escala das operações, o que contribui para a alocação eficiente dos recursos. Ao mesmo tempo, a estrutura econômica e o grau de estabilidade da inflação do país determinam a evolução da intermediação financeira. Os fluxos de recursos financeiros entre os agentes econômicos podem ser visualizados no esquema a seguir.

Fluxo de recursos da economia

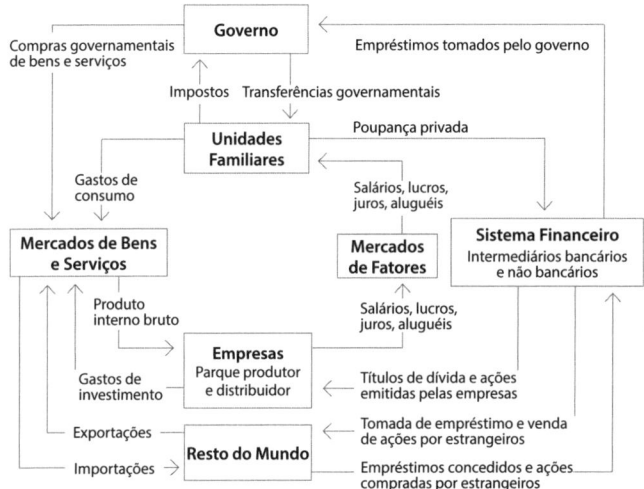

Fonte: Adaptado de Krugman e Wells (2007).

O principal papel dos intermediários financeiros é compatibilizar os diversos objetivos em termos de volumes e prazos dos recursos em níveis adequados de risco, facilitando as transferências de recursos entre os agentes econômicos com excedente (superavitários) e atendendo, ao mesmo tempo, às necessidades dos agentes econômicos carentes de recursos (deficitários) com uma série de vantagens em relação aos mecanismos primários de troca direta entre os agentes econômicos. É no mercado financeiro que se estabelece a ligação entre os indivíduos com estoque de capital em busca de remuneração para esses recursos (emprestadores) e aqueles que necessitam utilizá-los (tomadores) para fazer frente a compromissos correntes ou projetos de investimento.

A dinâmica dos mercados financeiros permite a diversificação das características dos instrumentos financeiros e facilita as trocas de bens e serviços. A mobilização e a alocação de recursos, através do mercado financeiro, transformam as poupanças de curto e médio prazo em fonte de capital de longo prazo, reduzindo os mercados paralelos com altos riscos e a evasão de tributos, canalizando o capital para oportunidades de máxima produtividade e ampliando a alocação de recursos, que pode contribuir para o crescimento econômico.

A internacionalização dos mercados financeiros, segundo Pinheiro (2009), é consequência da liberalização dos fluxos internacionais de capitais, da desregulamentação dos mercados financeiros, da revolução na tecnologia e nas comunicações e das inovações financeiras. A tendência dominante na economia global é a consolidação do processo de globalização comercial, por meio da internacionalização dos mercados financeiros.

O processo de globalização exige dos governos um esforço conjunto nas decisões macroeconômicas devido à interdependência dos mercados financeiros, uma vez que movimentos especulativos em determinada região afetam, de alguma forma, os demais mercados. Recentemente, foram adotadas medidas para a regulamentação e supervisão das atividades financeiras e montados comitês com essa finalidade. Entretanto, a duração da crise financeira internacional em 2008 e a profundidade de seu impacto sobre a economia real demonstraram que as organizações e os mecanismos internacionais de regulação financeira não são suficientes para as necessidades complexas do mundo globalizado do século XXI.

A facilidade e a velocidade no acesso às informações em escala mundial, reflexo das novas tecnologias de informação e comunicação, apresentaram uma nova dimensão nas oportunidades de negócios. Nas últimas décadas, os ativos financeiros, incluindo ações, depósitos bancários, títulos públicos e privados, cresceram mais do que proporcionalmente ao Produto Interno Bruto (PIB) mundial. Segundo levantamento do Fundo Monetário Internacional (FMI), em 1990 o PIB mundial totalizava US$ 21 trilhões, em contrapartida aos US$ 48 trilhões em ativos financeiros. E mesmo depois da crise, em 2008, para um PIB mundial de US$ 61 trilhões, os ativos financeiros correspondiam a US$ 178 trilhões (sem incluir o mercado de derivativos, que movimentou US$ 600 trilhões em 2008). Esse fato é confirmado pelo gráfico a seguir, que mostra que os ativos financeiros aumentaram 198 pontos percentuais em relação ao PIB americano, ou seja, no mais importante mercado financeiro mundial.

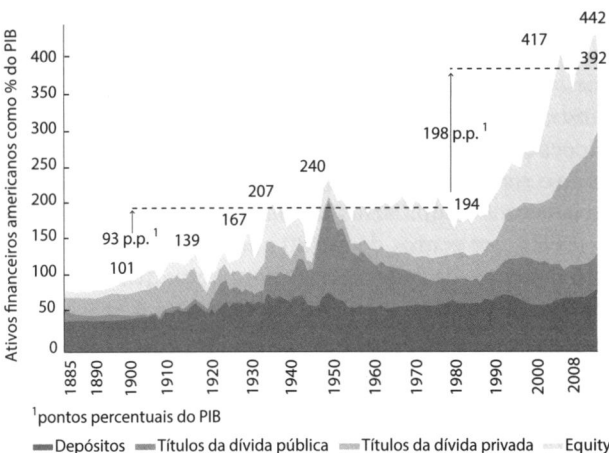

Fonte: Federal Reserve, National Bureau of Economic Research, Robert Shiller, McKinsey Global Institute Analysis, in Global capital markets: entering a new era (2009:8).

As instituições surgem, evoluem e diversificam suas funções na proporção direta do desenvolvimento de determinada economia. A diferenciação nos sistemas financeiros de cada país reflete os seguintes aspectos: os padrões normativos das instituições reguladoras, a diversidade das operações de captação e aplicação de recursos, a proporção dos diferentes tipos de ativos financeiros no estoque do sistema e o grau de inserção no mercado financeiro internacional (Rossetti, 1997).

Nos primórdios, a intermediação financeira ocorria em um espaço físico ou ponto de encontro entre os poupadores e tomadores de recursos. Mas, com o avanço das tecnologias de informação e de comunicação, as operações hoje podem se dar por diversos canais, como telefone, fax, correio e internet, com abrangência mundial.

No mercado financeiro nem sempre existe a coincidência das necessidades em relação a prazos e volumes de operações. O objetivo dos intermediários financeiros é redimensionar a demanda de acordo com a oferta de recursos, estabelecendo condições para que os ativos financeiros tenham liquidez, reduzindo o risco mediante a diversificação. Um exemplo são os financiamentos imobiliários do Sistema Financeiro de Habitação (SFH) com prazos de até 30 anos, nos quais os recursos são provenientes da caderneta de poupança, que tem liquidez a cada 30 dias.

Fonte: Elaborado pelos autores.

As instituições financeiras têm como principais atividades: transformar ativos fixos em ativos líquidos (financiamento através de garantias reais); modificar o prazo das operações; redimensionar oferta e demanda de recursos (grande número de poupadores para um número inferior de tomadores); administrar o risco (combinando operações ativas e passivas o risco se diversifica); criar condições para que ativos financeiros, títulos e ativos mobiliários tenham liquidez em mercados financeiros organizados.

Para uma melhor compreensão das operações do mercado financeiro, que têm diferentes configurações de prazos, volumes de recursos e forma de remuneração pela liquidez, é possível dividir tais operações em quatro grandes segmentos, de acordo com características e tipos. Na realidade, a interação entre os segmentos é total, mas, didaticamente, estes podem ser apresentados separados.

Mercados	Características e tipos de operação
Monetário	Operações de curto/curtíssimo prazo a fim de que os agentes econômicos e os próprios intermediários financeiros atendam às necessidades diárias de caixa. A liquidez desse mercado é regulada por operações com títulos da dívida pública, instrumento de política monetária exercida pelo Banco Central.
Crédito	Operações de curto e médio prazo para financiamento de bens duráveis para consumidores e capital de giro para empresas–intermediários financeiros bancários e não bancários.
Capitais	Operações de recursos de médio e longo prazo para agentes econômicos produtivos públicos ou privados (investimento de capital fixo), através das operações de compra e de venda de títulos e valores mobiliários por investidores: ações, debêntures; recursos financeiros supridos por intermediários financeiros não bancários – Bolsa de Valores e corretoras. Os futuros e derivativos são operações de promessa e de liquidação futura, com produtos financeiros e mercadorias agrícolas. Bolsa de Mercadorias e Futuros (BM&F).
Câmbio	Operações de compra e venda de moedas estrangeiras a prazo normalmente curto que visam suprir necessidades momentâneas de moeda estrangeira. Ex.: pagamento de exportação, juros de empréstimos em moeda estrangeira, adiantamento sobre contrato de câmbio ou recebimento de exportação e remessa de lucros.

Fonte: Elaborado pelos autores.

A grande importância do mercado financeiro é a capacidade de mobilizar recursos da poupança popular, transferindo-os para investimentos que aumentam a capacidade produtiva do país. Portanto, a consolidação do mercado financeiro é extremamente relevante para o crescimento econômico. Os impactos positivos do sistema financeiro no crescimento econômico, em termos de produtividade, acumulação de capital, aumento de poupança e investimentos, têm sido comprovados por vários estudos.

Dinâmica do Sistema Financeiro Nacional

O Sistema Financeiro Nacional (SFN) remonta a 1808, quando da criação do primeiro banco, denominado Banco do Brasil, por alvará de d. João VI, Príncipe Regente. Em seguida, a instituição passou a acumular as funções de banco de depósitos, de descontos e de emissão, tendo ainda o privilégio de venda dos produtos comercializados pela Coroa.

A evolução do SFN pode ser dividida em duas grandes fases: antes e depois da Lei da Reforma Bancária nº 4.595/64. Até a década de 1960, os investimentos eram principalmente em ativos reais (imóveis), evitando-se aplicações em títulos públicos ou privados e limitando-se o desenvolvimento de um mercado de capitais ativo. Essa situação começou a se modificar quando, em 1964, o governo iniciou um programa de grandes reformas na economia nacional. Entre elas figurava a reorganização do mercado financeiro, por meio da Lei da Reforma Bancária, que reformulou todo o sistema nacional de intermediação financeira e criou o Conselho Monetário Nacional e o Banco Central do Brasil (Bacen). A Lei de Mercado de Capitais disciplinou esse mercado e estabeleceu medidas para seu desenvolvimento.

O SFN reflete um conjunto de instituições que integra o mercado financeiro, regulamentado e fiscalizado por agentes normativos, e permite a transferência de recursos financeiros entre poupadores e tomadores, tendo como base a citada

Lei da Reforma Bancária. No art. 17 dessa lei, as instituições financeiras foram definidas como: "[...] as pessoas jurídicas públicas e privadas que tenham como atividade principal ou acessória a coleta, a intermediação ou a aplicação de recursos financeiros próprios ou de terceiros, em moeda nacional ou estrangeira, e a custódia de valor de propriedade de terceiros".

As mudanças no SFN estabeleceram uma administração monetária federal capaz de formular e executar políticas monetárias e de crédito de forma a conter o processo inflacionário. Modificaram também o regime jurídico das instituições financeiras privadas para a utilização mais eficiente dos recursos financeiros, impulsionando o desenvolvimento nacional. Atualmente, o SFN é composto por órgãos normativos que estabelecem as normas orientadoras sobre o funcionamento do sistema, seja por meio de entidades supervisoras que executam e fiscalizam as operações, seja por meio do subsistema operativo, composto pelos intermediários financeiros públicos e privados.

Os órgãos de regulação e fiscalização têm como objetivo formular e executar a política monetária e de crédito do SFN, visando ao progresso econômico e social do país. São eles: Conselho Monetário Nacional, Banco Central do Brasil, Comissão de Valores Mobiliários, Superintendência de Seguros Privados e Secretaria de Previdência Complementar. No quadro a seguir, são fornecidos *links* para o acesso às principais informações e detalhes operacionais de cada instituição.

	Subsistema normativo, de regulação e fiscalização	Subsistema operativo
Conselho Monetário Nacional	Banco Central do Brasil <www.bcb.gov.br/>	**Instituições financeiras captadoras de depósitos à vista** • Bancos múltiplos com carteira comercial • Caixas econômicas • Cooperativas de crédito
	Comissão de Valores Mobiliários <www.cvm.gov.br/>	**Demais instituições financeiras** • Bancos múltiplos sem carteira comercial • Bancos de investimento • Bancos de desenvolvimento • Sociedades de crédito, financiamento e investimento • Sociedades de crédito imobiliário • Companhias hipotecárias • Associações de poupança e empréstimo • Agências de fomento • Sociedades de crédito ao microempreendedor
	Superintendência de Seguros Privados <www.susep.gov.br/>	**Outros intermediários ou auxiliares financeiros** • Bolsas de mercadorias e de futuros • Bolsas de valores • Sociedades corretoras de títulos e valores mobiliários • Sociedades distribuidoras de títulos e valores mobiliários • Sociedades de arrendamento mercantil • Sociedades corretoras de câmbio • Representações de instituições financeiras estrangeiras • Agentes autônomos de investimento
	Secretaria de Previdência Complementar <www.mps.gov.br/previc.php>	**Entidades ligadas aos sistemas de previdência e seguros** • Entidades fechadas de previdência privada • Entidades abertas de previdência privada • Sociedades seguradoras • Sociedades de capitalização • Sociedades administradoras de seguro-saúde **Administração de recursos terceiros** • Fundos mútuos e clubes de investimentos

Fonte: Elaborado pelos autores, com base em informações disponíveis no site do Banco Central do Brasil (www.bcb.gov.br/).

Ao CMN, órgão deliberativo máximo do SFN, compete: fixar as diretrizes das políticas monetária, creditícia, orçamentária fiscal, cambial e da dívida pública; regular as condições de constituição, funcionamento e fiscalização das instituições participantes do mercado financeiro.

O Bacen, cuja missão é "assegurar a estabilidade do poder de compra da moeda e um sistema financeiro sólido e eficiente", atua como banco dos bancos, gestor do SFN, agente da autoridade monetária, banco emissor e agente financeiro do governo. Executa e fiscaliza o cumprimento de todas as determinações do CMN.

A CVM tem como função determinar as políticas e estabelecer as práticas para estimular a formação de poupança e sua aplicação em ações do capital social de companhias abertas, através do controle, da normatização e da fiscalização das atividades dos auditores independentes; consultores e analistas de valores mobiliários. O objetivo é garantir o funcionamento eficiente do mercado de capitais, o fortalecimento da empresa nacional e a defesa do investidor e do acionista.

A missão da Susep é "atuar na regulação, supervisão, fiscalização e incentivo das atividades de seguros, previdência complementar aberta e capitalização, de forma ágil, eficiente, ética e transparente, protegendo os direitos dos consumidores e os interesses da sociedade em geral". É o órgão responsável pelo controle e pela fiscalização dos mercados de seguro, previdência privada aberta, capitalização e resseguro.

Mercado de capitais

O crescimento e o desenvolvimento econômico propiciam uma melhor qualidade de vida para a população. O nível de desenvolvimento está associado às opções de captação para financiamento de projetos de investimento, considerados a mola propulsora do crescimento econômico. Os mercados de capitais, primordialmente o mercado primário de ações, representam uma das maiores fontes de captação de recursos para que as empresas realizem investimentos, aumentando as alternativas de financiamento, reduzindo o custo de financiamento, diversificando e redistribuindo o risco entre os aplicadores, além de democratizar o acesso ao capital, por intermédio de títulos e valores mobiliários.

O mercado de capitais, por meio de um conjunto de instituições e de instrumentos para a negociação com títulos e valores mobiliários, garante um fluxo de recursos nas condições adequadas à atividade produtiva, em termos de volume, prazo e custos, e proporciona liquidez aos títulos emitidos. O surgimento do mercado está fundamentado em dois princípios: atuar como propulsor de capitais para investimentos, estimulando a formação de poupança privada e impulsionando o desenvolvimento econômico; fortalecer a economia de mercado, permitindo a participação coletiva de forma ampla na riqueza e nos resultados da economia.

Uma empresa que necessita captar recursos para investimentos no mercado de capitais deve procurar os intermediários financeiros para a oferta dos títulos de compra e venda de ações e demais valores mobiliários a diversos investidores, possibilitando mobilizar o montante de recursos requerido pela companhia. Ao mesmo tempo, investidores podem aplicar com o objetivo de obter retorno financeiro a um preço justo da ação em momento determinado, garantindo a transferência de recursos financeiros entre tomadores (companhias abertas) e aplicadores (investidores). Essa transferência se dá por meio de operações financeiras que podem ocorrer diretamente entre companhias e investidores ou por intermediários financeiros. A dinâmica do mercado de capitais e seus principais agentes participantes podem ser visualizados no esquema a seguir.

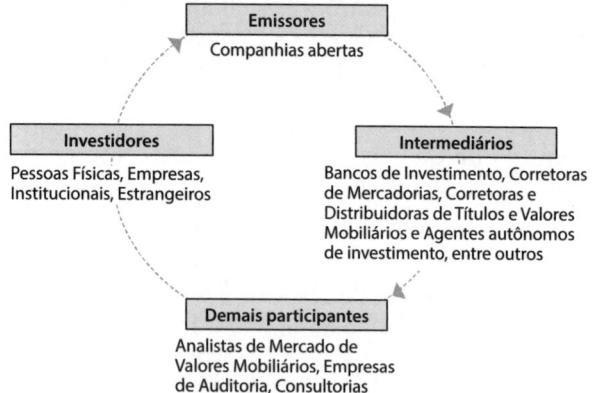

Fonte: Elaborado pelos autores.

Os mercados financeiros são mais eficientes em países onde existem bolsas de valores bem estruturadas, transparentes e líquidas, em um ambiente de negócios livre e com regras claras que estimulam a livre concorrência e a pluralidade de participantes. As bolsas podem beneficiar a economia e a sociedade como um todo, e não somente as companhias abertas, que detêm ações. Segundo Pinheiro (2009), "as bolsas de valores são instituições de caráter econômico que têm como objeto a negociação pública mercantil de títulos e valores mobiliários, ou seja, é um local onde se compram e vendem ações. Nelas ocorre a canalização da oferta e da demanda dos investidores e a publicação oficial dos preços ou cotações resultantes das operações realizadas".

A origem das bolsas de valores não é precisa. Durante a Idade Média e até o século XVII, as atividades das bolsas se resumiam à compra e à venda de moedas, letras de câmbios e metais preciosos. As operações eram limitadas pelas dificuldades de comunicação, pela escassez de capital e pela ausência de crédito. Algumas das bolsas mais importantes do mundo, como a de Londres, a de Paris e a de Nova York, foram criadas, respectivamente, em 1554, 1724 e 1792 (Pinheiro, 2009).

Um dos primeiros registros de operações de bolsas de valores data de mais de quatro séculos, quando uma grande empresa de navegação holandesa captou recursos dessa forma para financiar a expansão de suas operações, segundo a Nyse Euronext. (Para detalhes a respeito das primeiras operações das bolsas de valores no mundo, ver a linha do tempo apresentada no site Nyse Euronext – www.nyx.com/timeline.)

A principal função de uma bolsa de valores é proporcionar um ambiente transparente adequado à realização de negócios com valores mobiliários organizados sob a forma de sociedades por ações (S/A). Os títulos são negociados primordialmente de forma eletrônica, representando o capital das empresas (as ações) ou de empréstimos tomados (debêntures conversíveis em ações, bônus de subscrição e *commercial papers*), que permitem a circulação de capital para custear os investimentos das empresas.

As bolsas são autorizadas e supervisionadas pela CVM, que tem ampla autonomia para exercer poderes de autorregulamentação sobre as corretoras de valores que nelas operam. Além de oferecerem um ambiente para a negociação, orientando e fiscalizando os serviços prestados por seus intermediários, as bolsas facilitam a divulgação constante de informações sobre as empresas e sobre os negócios que se realizam sob seu controle. Propiciam ainda liquidez às aplicações de médio e longo prazo, por intermédio de um mercado contínuo representado pelos pregões diários.

A operação das bolsas de valores apresenta várias vantagens, como canalizar a poupança para projetos empresariais e promover novos negócios nos mais diversos setores da economia, facilitando o aumento da produtividade e a expansão das empresas. Isso resulta em um crescimento econômico mais sustentável que pode ser acompanhado pela oscilação dos preços das ações. As operações nesse mercado financiam indiretamente o desenvolvimento de grandes projetos de infraestrutura, que necessitam de recursos financeiros vultosos, como portos, estradas, saneamento básico, ou empreendimentos imobiliários para a população menos favorecida economicamente.

O mercado de ações permite a qualquer indivíduo, grande ou pequeno investidor, tornar-se sócio de empresas, compartilhando lucros de projetos bem-sucedidos por meio do aumento dos preços das ações e da distribuição de dividendos. O *Home Broker*, no Brasil, oferece maior possibilidade de participação de pequenos investidores no número e no volume de negócios da Bolsa de Valores de São Paulo (Bovespa). A crescente demanda por novos acionistas exige regras cada vez mais rígidas do governo e das bolsas, a fim de que os princípios de governança corporativa sejam aprimorados e levem as empresas a refinar seus padrões de administração e eficiência. A Reforma da Lei das Sociedades Anônimas norteou a criação do Novo Mercado, concebido para combater diversos fatores que contribuíam para a fragilidade do mercado de capitais brasileiro, entre eles a falta de proteção aos acionistas minoritários.

No passado, o Brasil chegou a ter nove bolsas de valores. Atualmente, a BM&FBovespa é a principal e a maior bolsa da América Latina, tendo sido constituída em maio de 2008 com a integração da Bolsa de Mercadorias & Futuros (BM&F) e da Bovespa. Hoje são negociados títulos e valores mobiliários, entre os quais ações de companhias abertas, títulos privados de renda fixa, derivativos agropecuários (*commodities*), derivativos financeiros. Até o momento, um longo caminho foi percorrido, como pode ser observado na linha do tempo a seguir. Para uma visita virtual da histórica, acesse o link: www.bmfbovespa.com.br/pt-br/a-bmfbovespa/sobre-a-bolsa/historia/historia.aspx?Idioma=pt-br

1890	A Bovespa inicia sua história através da inauguração da Bolsa Livre por Emílio Rangel Pestana.
Primeiros anos	1891 - Fechamento da Bolsa Livre em decorrência da Política do Encilhamento. 1895 - Fundação da Bolsa de Fundos Públicos de São Paulo.
Década de 30	1934 - Desenvolvimento e instalação da bolsa no Palácio do Café.
Década de 60	1960 - A bolsa deixa de ser subordinada à Secretaria da Fazenda do Estado, ganhando autonomia administrativa, financeira e patrimonial. 1967 - A bolsa passa a chamar-se Bolsa de Valores de São Paulo. O Decreto-lei nº 157 criou os Fundos 157 permitindo aos contribuintes utilizarem parte do imposto devido em fundos de ações.

Década de 70	1970 - As operações passam a ser registradas de forma eletrônica. 1971 - Iniciou-se um processo de realização de lucros pelos investidores, que começaram a vender suas posições, conhecido como o "boom de 1971". 1972 - Início do pregão eletrônico na Bovespa. 1976 - Lei das Sociedades Anônimas que visava modernizar as regras das sociedades anônimas. Criação da CVM.
Década de 80	1987 - O processo de internacionalização do mercado chega ao país, com a edição da Resolução do CMN nº 1.289/87 e seus anexos.
Década de 90	1990 - Início das negociações através do Sistema de Negociação Eletrônica. 1997 - O Mega Bolsa é implantado. 1999 - Lançamento do *home broker* e *after-market*.
O novo milênio	2000 - Integração das bolsas brasileiras. 2001 - Novo Mercado implantado para estimular a governança corporativa. 2005 - Fim do pregão viva-voz. 2007 - A Bovespa deixou de ser uma instituição sem fins lucrativos e se tornou uma sociedade por ações: a Bovespa Holding S/A. 2008 - A BM&FBovespa foi criada através da integração entre a Bolsa de Mercadorias & Futuros (BM&F) e a Bolsa de Valores de São Paulo-Bovespa.

Fonte: Elaborado pelos autores, com base em informações obtidas nos sites da CVM e da Bovespa, em Andrezo e Lima (2007) e Pinheiro (2009), entre outros.

A atuação nas bolsas de valores e nos mercados de balcão, organizados e não organizados, é restrita aos integrantes do sistema de distribuição de valores mobiliários, entre estes as instituições financeiras, as sociedades corretoras e as distribuidoras devidamente autorizadas a funcionar pela CVM e pelo Bacen.

As corretoras são instituições financeiras habilitadas a negociar valores mobiliários em pregão. Elas atuam em nome de seus clientes, os investidores, comprando e vendendo ações, debêntures e outros títulos e valores mobiliários emitidos pelas companhias abertas. Prestam também uma série de serviços a investidores e empresas, tais como orientação para investimentos; intermediação de operações de câmbio; assessoria a empresas na abertura de capital; emissão de debêntures e debêntures conversíveis em ações; renovação do registro de capital.

A Bovespa Holding possui como subsidiárias integrais a Bolsa de Valores de São Paulo (BVSP) – responsável pelas operações dos mercados de bolsa e de balcão organizado – e a Companhia Brasileira de Liquidação e Custódia (CBLC), que presta serviços de liquidação, compensação e custódia.

O mercado de bolsa de derivativos e de futuros é administrado pela BM&FBovespa S/A – Bolsa de Valores, Mercadorias e Futuros – e é regulado pela CVM. Seu objetivo é desenvolver, organizar e operacionalizar mercados livres e transparentes para a negociação de títulos e/ou contratos que possuam como referência ativos financeiros, índices, indicadores, taxas, mercadorias e moedas nas modalidades à vista e de liquidação futura.

Para o registro, a compensação e a liquidação, física e financeira, das operações efetuadas em sistema eletrônico, esse mercado mantém local e sistemas próprios, divulgando de forma rápida e abrangente as operações por meio de tecnologias avançadas. No desenvolvimento dessas atividades, a BM&FBovespa criou mecanismos e normas para o acompanhamento e a regulação de seus mercados, assegurando aos participantes o pagamento das obrigações assumidas. A garantia aos investidores é proporcionada pelas câmaras de registro, compensação e liquidação, ou *clearings*.

Características das operações na bolsa de valores

As empresas e o governo lançam novas ações para captar novos recursos diretamente de investidores, o que é denominado mercado primário. Neste, quem vende as ações é a empresa, usando os recursos para se financiar no longo prazo. As ações, após seu lançamento inicial, passam a ser revendidas entre os investidores no mercado secundário, no qual ocorre a troca de propriedade de título para que se possa reaver o dinheiro investido, propiciando liquidez aos títulos. Tal dinâmica está representada nos quadros a seguir.

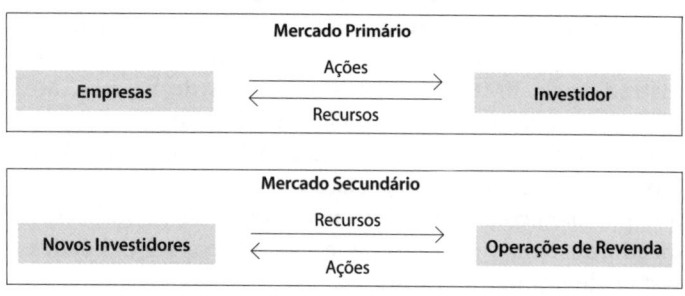

Fonte: Elaborado pelos autores.

Os negócios realizados em bolsa de valores correspondem ao mercado secundário, no qual as ações são negociadas em lotes que podem ser de uma ação, 10 ou 100. Caso o investidor não queira comprar um lote padrão, é preciso recorrer ao mercado fracionário.

Instituições foram criadas para simplificar a negociação dos títulos no mercado secundário, através da administração de sistemas centralizados, regulados e seguros. Eles proporcionam liquidez, que é a maior ou menor facilidade de se negociar um título, e possibilitam ao investidor vender de forma eficiente e segura os títulos adquiridos.

As negociações no mercado secundário podem ser realizadas em dois locais distintos, representados pelos mercados de bolsa e de balcão. No mercado de balcão a negociação e a divulgação das informações não se dão em um local determinado, mas por intermédio de um sistema de comunicação. Os valores são negociados apenas entre as partes envolvidas, e como as empresas não estão registradas em bolsa, as ações não têm nem a garantia nem o controle de uma bolsa de valores.

O mercado de bolsa de valores é aquele em que se compram e vendem ações e em que os investidores (compradores e vendedores) e as instituições do sistema de distribuição de títulos e valores mobiliários viabilizam as negociações, realizadas de forma aberta, via leilão. A venda acontece para quem oferecer o melhor lance, sendo o registro da negociação feito pelo sistema eletrônico da BM&FBovespa, o Mega Bolsa. Como já dito, as características que garantem credibilidade e segurança ao mercado de bolsa de valores são a livre concorrência e a pluralidade de participações. A homogeneidade dos títulos negociados e a transparência na determinação de preços permitem que todos os que compram e vendem ações em bolsa tenham o mesmo tratamento, seguindo os procedimentos iguais e com idêntico acesso às informações.

Para ampliar o acesso dos investidores ao mercado acionário, a BM&FBovespa implantou o *After-Market*, que permite negociação de ações fora do horário regular, de forma eletrônica. Apenas as operações do mercado à vista são permitidas, e o preço das ofertas a serem registradas nesse período não pode exceder 2% de variação máxima, positiva ou negativa, em relação ao preço de fechamento do pregão em horário regular.

Títulos do mercado de capitais

No mercado de capitais brasileiro, os principais títulos negociados são os que representam o capital das empresas, as ações, ou os que representam empréstimos tomados por essas empresas via mercado, as debêntures (conversíveis ou não em ações). Existem vários outros tipos de valores mobiliários negociados nesse mercado, como notas promissórias comerciais (*commercial papers*), bônus de subscrição, certificado de depósitos de valores mobiliários, índices representativos de carteira de ações, opções de compra e venda de valores mobiliários, direitos e recibos de subscrição, cotas de fundos e certificados de recibos imobiliários e *depositary receipts* (recibos de depósitos) utilizados na colocação de empresas brasileiras no exterior. O gráfico a seguir apresenta o volume de emissões primárias e secundárias dos principais valores mobiliários brasileiros desde 1995, expresso em milhões de reais.

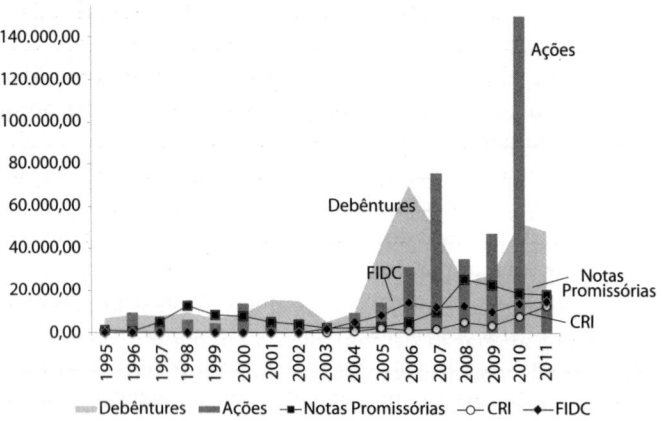

Fontes: Site CVM (www.cvm.gov.br/) e portal Anbima (http://portal.anbima.com.br/Pages/home.aspx).

Os participantes dos mercados de capitais podem ser divididos em dois grupos: os que regulamentam e supervisionam, como a CVM e as bolsas de valores; e os que operam, como os investidores (pessoas físicas, jurídicas, institucionais e autônomos) e as instituições financeiras, além das empresas de capital aberto. Nenhuma emissão pública de valores mobiliários pode ser distribuída no mercado sem prévio registro na CVM, entendendo-se por atos de distribuição a venda, a promessa de venda, a oferta à venda ou à subscrição, a aceitação de pedido de venda ou a subscrição de valores mobiliários.

As ações são títulos de renda variável emitidas por sociedades anônimas que representam a menor fração do capital da empresa que os emitiu. O investidor em ações é um coproprietário da sociedade anônima da qual é acionista, sendo o rendimento determinado de acordo com os resultados obtidos pela empresa ou instituição emissora do respectivo título. As ações podem ser convertidas em dinheiro, a qualquer tempo, pela negociação em bolsas de valores ou no mercado de balcão.

O investimento outorga a seus proprietários direitos e apenas uma obrigação: integralizar sua parte no capital, ou seja, pagar as ações que subscreveu. Os principais direitos dos acionistas, que não podem ser modificados nem por estatuto social nem por assembleia geral, são: participação nos lucros, fiscalização, informação, preferência na subscrição de ações em aumento de capital, voto, indicação de membros do conselho de administração, requerimento de convocação e de adiamento de assembleias gerais; e participação de oferta pública por alienação de controle da companhia aberta (*tag along*). É cada vez mais comum que os estatutos das empresas aumentem para 100% o direito ao *tag along* conferido a todos os tipos de acionistas.

As ações podem ser classificadas de acordo com os seguintes critérios: empresa emissora, espécie, forma de circulação e classe. Em termos de espécie, são considerados os direitos e as vantagens conferidos ao acionista: ações ordinárias, ações preferenciais e de fruição.

As ações ordinárias apresentam como principal característica o direito ao voto nas assembleias gerais, que, em uma sociedade anônima, permite: controle da empresa, participação nas decisões de lucros, riscos e futuro do negócio, voto com peso correspondente à quantidade de ações. Adicionalmente, o acionista ordinário tem direito a adotar e corrigir o estatuto da empresa, eleger os dirigentes, autorizar fusão, vender ativos, alterar a quantidade de ações ordinárias e permitir a emissão de ações preferenciais e debêntures. Em contrapartida, os dividendos pagos às ações ordinárias são normalmente 10% menores que os pagos às ações preferenciais. O valor de mercado e a liquidez desse tipo de ação são moralmente menores por estarem em propriedade dos donos das empresas, que desejam controlá-las e não estão dispostos a negociá-las.

As ações preferenciais têm como principal característica a prioridade no recebimento de dividendos, determinado, em função do lucro, pela assembleia geral de acionistas. Atualmente, o recebimento de dividendos corresponde, no mínimo, a 25% do lucro líquido do exercício, livre de imposto de renda. Existem categorias diferenciadas de ações preferenciais (classe A, classe B etc.) que representam vantagens ou restrições referentes à distribuição adicional de dividendos. Conforme a Lei das Sociedades Anônimas, a obrigatoriedade das empresas será de emissão de, no mínimo, 50% de seu capital social em ações do tipo ordinário.

As ações de fruição são atribuídas aos acionistas, cujas ordinárias e preferenciais foram totalmente amortizadas pelas reservas patrimoniais, na hipótese de liquidação da empresa.

Quanto à forma de circulação, as ações podem ser nominativas, ao portador e escriturais. As nominativas são emitidas na forma de título de propriedade, identificando-se a empresa, o proprietário, o tipo de ação, a forma de emissão e os direitos já exercidos. Sua transferência ocorre via registro no Livro de Transferência de Ações Nominativas. Já as ações ao portador são emitidas sem o nome do comprador, sendo passadas de um investidor a outro por transferência manual. Esse tipo de circulação está proibido no Brasil. As ações escriturais dispensam a emissão de títulos de propriedade, funcionando como um registro eletrônico, escriturado por um banco, o fiel depositário, que processa os pagamentos de direitos e as transferências de propriedade, comprovados através de extratos bancários.

As ações têm rendimentos e resultados distribuídos pela própria empresa sob a forma de proventos, que correspondem aos dividendos e bonificações, ou ao direito de preferência na aquisição de ações, no caso de subscrição, além dos decorrentes dos movimentos de preços dos mercados organizados. Os dividendos representam parte dos lucros das empresas, pagos em dinheiro aos acionistas na proporção da quantidade de ações. As bonificações correspondem à distribuição de novas ações em número proporcional à quantia detida, decorrente da capitalização das reservas e/ou resultados.

Outro modo de remuneração dos acionistas é por meio dos juros sobre o capital próprio. Tal remuneração é paga em dinheiro originado do lucro retido em períodos anteriores. Diferentemente do dividendo, o valor pago aos acionistas pode ser deduzido no imposto de renda pago pela empresa.

Após o lançamento de ações, a empresa pode fazer desdobramentos (*Split*) ou agrupamentos (*Inplit*), de acordo com suas necessidades.

Índice da bolsa de valores

A Bovespa é responsável por manter um local adequado para a realização de negócios, além de registrar, divulgar e supervisionar a liquidação das operações. As informações referentes às negociações são coletadas e organizadas para a divulgação por índices que mostram o comportamento de todo o mercado ou de segmentos específicos.

O Índice da Bolsa de Valores de São Paulo (Ibovespa), criado em 1968, corresponde a 80% do valor total negociado das ações. O Ibovespa indica o valor atual em moeda do país de uma carteira teórica de ações, visando retratar a configuração real dos negócios realizados à vista em lote-padrão na Bovespa. É o mais importante indicador do país, mantendo a mesma metodologia desde a sua criação, enquanto a Bovespa corresponde ao total das transações no mercado de valores brasileiro.

A carteira teórica é composta pelas ações que tiveram nos últimos 12 meses o maior índice de negociação, correspondendo a, aproximadamente, 70 e 100 empresas, com atualizações a cada quatro meses, alterando a participação relativa de cada ação com base na nova avaliação de mercado. O peso específico de cada ação no índice é modificado em função dos preços de cada ação e/ou distribuição de proventos. O Ibovespa é o somatório da multiplicação do último preço de cada ação por sua quantidade teórica em um determinado momento.

O Ibovespa indica o índice de retorno total/real, pois considera a reaplicação de todos os ganhos obtidos pelos investidores no mercado, além da variação dos preços das ações. Cabe ressaltar que o mercado de ações brasileiro tem alto grau de concentração em poucas empresas, e o índice também reflete essa concentração. Cerca de oito a 10 ações representam metade do volume negociado no mercado.

Novos índices foram criados para acompanhar as transformações da economia. Eles são segmentados, conforme as características apresentadas a seguir.

Índices	Característica
Índice Brasil 100 (IBrX – 100)	Cem ações mais líquidas do mercado à vista. Início em 1995.
Índices setoriais	Energia elétrica (IEE), Telecomunicações (Itel), Consumo (Icon) e Imobiliário (Imob), entre outros.
Índice de ações com governança corporativa diferenciada (IGC)	Ações de empresas com bons níveis de governança corporativa. Início em 2001.
Índice de sustentabilidade empresarial (ISE)	Aproximadamente 40 ações de empresas altamente comprometidas com sustentabilidade empresarial e responsabilidade social. Início em 2005.
Índice Small Caps (SMLL)	Ações de empresas de menor capitalização. Início em 2008.

Fonte: Elaborado pelos autores.

No mundo todo podemos acompanhar o desempenho da economia de cada país pelos índices de suas bolsas de valores, por exemplo, os índices Dow Jones Industrial Average, Standard & Poor's 500 e Nasdaq Composite Index, nos Estados Unidos; FT-SE 100, em Londres; e Nikkie Stock Average, em Tóquio.

O gráfico a seguir apresenta a evolução da bolsa de valores e os principais acontecimentos que impactaram no seu desempenho até os dias de hoje. Acessando o site indicado na fonte abaixo da imagem, o leitor pode conhecer as grandes transformações econômicas do período, usando a interatividade do gráfico, que possibilita explorar as mudanças de moeda em cada governo, além de fatos nacionais e internacionais que influenciaram o desempenho do índice.

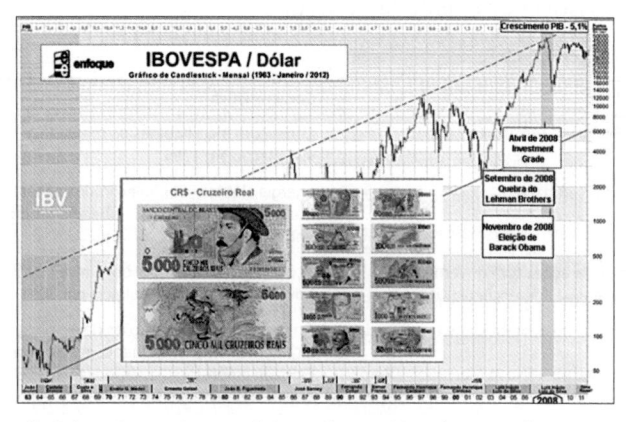

Fonte: Site Enfoque (www.enfoque.com.br/poster/ibovespa/view_ibovespa_enfoque.aspx).

A tabela a seguir traz a lista das empresas que abriram seu capital em 2011 e 2012. Essa listagem foi obtida no site da Bovespa, no link "Empresas listadas", na opção "Listagens recentes: veja as empresas que abriram capital nos últimos anos".

Empresa	Segmento de listagem	Natureza da oferta	Volume R$ milhões [1]	Número de corretoras [2]	Número de investidores [3]
2013					
Linx	Novo Mercado	Mista	459*	50	**
2012					
BTG	Tradicional	Mista	3.234	56	6.231
Unicasa	Novo Mercado	Mista	370	42	785
Locamerica	Novo Mercado	Mista	273	56	246
2011					
Abril Educa	Nível 2	Primária	371	58	1.429
Technos	Novo Mercado	Mista	462	61	599
Qualicorp	Novo Mercado	Mista	1.085	63	823
BR Pharma	Novo Mercado	Primária	414	62	148
Magaz Luiza	Novo Mercado	Mista	805	65	34.674
Time For Fun	Novo Mercado	Mista	469	56	907
IMC Holdings	Novo Mercado	Mista	454	55	706
QGEP PART	Novo Mercado	Primária	1.515	59	9.057
Autometal	Novo Mercado	Mista	454	61	3.568
SierraBrasil	Novo Mercado	Primária	465	57	3.423
Arezzo Co	Novo Mercado	Mista	566	63	9.177

1 - Volume financeiro total da operação
2 - Número de corretoras que participaram do consórcio de distribuição
3 - Número de investidores participantes do varejo (pessoas físicas + clubes de investimento)
* Dados preliminares
** Número não informado

Fonte: Site da Bovespa (www.bmfbovespa.com.br).

Capítulo 2

Avaliação de empresas

"O investimento em conhecimento é aquele que traz maiores retornos."
Benjamin Franklin

O processo de determinação do valor de uma empresa é complexo e existem dezenas de modelos com ferramental técnico próprio e variáveis subjetivas. Desde a década de 1950 foram desenvolvidas diversas teorias de avaliação de empresas e metodologias. Considerando a quantidade de dinheiro envolvida nessas transações não é difícil entender as discussões. A avaliação de empresas implica não somente variáveis objetivas, como preço de ações e patrimônio, mas também variáveis subjetivas, como credibilidade no mercado, valor da marca ou de seus produtos. Um pressuposto de um bom investimento é que o valor pago por ativo financeiro ou real não seja maior que o valor justo.

A avaliação de entidades ou negócios depende, em grande parte, das expectativas futuras de desempenho. Levando em conta a dinâmica atual dos mercados financeiros em que o futuro se assemelha cada vez menos ao passado, faz-se necessário que os investidores tenham conhecimento das novas ferramentas que podem ter ao seu dispor para determinar o preço justo de suas empresas. Os métodos variam muito e, frequentemente, a subjetividade em jogo no processo de avaliação é uma das maiores dificuldades para a mensuração do valor do ativo, pois os dados de entrada dão margem a julgamentos subjetivos.

Valor da empresa

Os investidores podem utilizar modelos mais simples ou técnicas mais sofisticadas que variam de acordo com o propósito da avaliação, as características da empresa, a disponibilidade e a qualidade de informações disponíveis. Os modelos podem ser utilizados em conjunto ou separadamente. Dado que a aplicação de uma simples equação ou metodologia não pode ser considerada suficiente, cada uma das técnicas é válida para uma finalidade diferente. Logo, não são modelos alternativos que implicam, obrigatoriamente, a não adoção dos demais, podendo, simplesmente, serem tratados como complementares.

Segundo Damodaran (2012), existem apenas duas abordagens de avaliação: intrínseca e relativa. Na avaliação intrínseca, a determinação do valor reflete as expectativas dos fluxos de caixa futuros durante a vida útil do bem, associado ao seu grau de incerteza. Exemplificando: o valor de um imóvel com aluguéis altos e estáveis deve ser maior que outro, com aluguéis mais baixos e taxa de ocupação mais variável.

Por outro lado, a avaliação relativa determina o valor por intermédio da comparação de ativos semelhantes. No caso de um imóvel, seu valor seria determinado em função de outro imóvel com as mesmas características. No fundo, todas elas consideram um único objeto: o caixa realizado, ou prestes a ocorrer, caso os ativos e passivos fossem vendidos, ou o caixa esperado por transações futuras.

Damodaran (2009b) destaca que uma avaliação bem pesquisada não é eterna devido à dinâmica das informações do mercado financeiro: "A avaliação de uma empresa envelhece, sendo necessário atualizar as informações correntes". O autor afirma que o grau de precisão de uma avaliação varia de acordo com a qualidade das informações. E, no caso de empresas nascentes ou operando em mercados emergentes ou ainda em setor tumultuado, a incerteza se intensifica. Para ele, "em um mundo onde o maior problema da avaliação não está na falta, mas no excesso de informações, a identificação dos aspectos relevantes é quase tão importante quanto as técnicas e os modelos utilizados para avaliar uma empresa". Por último, Damodaran destaca que os mercados erram e que uma combinação de sorte e habilidade é necessária para identificar as melhores oportunidades.

Para Copeland e colaboradores (2002), em termos gerais são três as abordagens conhecidas para avaliação: valor do patrimônio líquido ajustado, obtido através da diferença entre os ativos e os passivos (dívidas com terceiros), ajustados a valor de mercado e tomando o patrimônio líquido também a valor de mercado; rentabilidade projetada, que determina o valor da empresa pela rentabilidade que se espera até o infinito (é um método financeiro e não contábil, pois objetiva a contabilidade); a terceira abordagem combina as duas primeiras – patrimonial e rentabilidade projetada –, a fim de determinar um valor justo para o negócio.

A avaliação pode ser realizada sob o ponto de vista interno ou externo das empresas, conforme a seguir:

- Internamente: os insumos de produção (mão de obra, matérias-primas, equipamentos e tecnologia) processam bens e serviços que devem ser vendidos por preço acima do que custaram os recursos. Quanto maior o lucro operacional, maior a eficiência empresarial.

- Externamente: a empresa tem uma imagem no mercado e prováveis acionistas apostam no aumento de seu valor, por isso pagam mais por suas ações.

Os estrategistas de investimentos buscam permanentemente tornar os mercados transparentes e racionais. Assim, tendo em vista determinar o valor real de uma ação, foi desenvolvido o conceito de valor da marca. Uma das principais empresas que realizam valoração de marcas é a Interbrand, que apresentou em 2011 a lista das 100 maiores marcas do mundo. O destaque é a Coca-Cola, avaliada em cerca de US$ 77 bilhões e à frente de fabricantes de equipamentos eletrônicos e software de última geração, conforme apresentado no quadro a seguir, que traz as 10 melhores marcas de 2012. O valor de mercado da Coca-Cola em dezembro de 2011 girava em torno de US$ 159 bilhões, muito acima de seu valor patrimonial, que beirava US$ 32 bilhões.

Posição	Marca	País	Setor	Valor da Brand (US$ M)
1	Coca-Cola	Estados Unidos	Bebidas	77,839
2	Apple	Estados Unidos	Eletrônicos	76,568
3	IBM	Estados Unidos	Serviços para Negócios	75,532
4	Google	Estados Unidos	Serviços de Internet	69,726
5	Microsoft	Estados Unidos	Software de Computador	57,853
6	General Electric	Estados Unidos	Diversificado	43,682
7	McDonald's	Estados Unidos	Restaurantes	40,062
8	Intel	Estados Unidos	Eletrônicos	39,385
9	Samsung	Coreia do Sul	Eletrônicos	32,893
10	Toyota	Japão	Automotivo	30,280

Fonte: Interbrand (www.interbrand.com/en/best-global-brands/2012/Best-Global-Brands-2012.aspx).

O valor de empresa equivale ao ativo total descontado o valor das obrigações/passivo total, ou seja, é o valor do patrimônio líquido que pertence aos acionistas. O valor de mercado, por sua vez, é expresso pela cotação da ação multiplicada pela quantidade total de ações que forma seu capital social. Pode ser calculado também pelo valor de funcionamento, que depende basicamente dos futuros benefícios econômicos que a empresa é capaz de produzir, já que ninguém venderia uma firma em funcionamento por menos do que alcançaria com o encerramento, a menos que pudesse ser vendida por valor melhor em pleno funcionamento. E, finalmente, o valor de liquidação de seus ativos avaliados a preço de venda, deduzidos os gastos da operação (comissão, impostos, transportes etc.) e o valor de quitação de seus débitos com terceiros. Os conceitos foram esquematizados, a seguir, para melhor compreensão:

Valor patrimonial contábil	Ativo Total menos Passivo Exigível
Valor patrimonial real	Valor de mercado dos ativos e passivos
Valor presente líquido	Fluxo de caixa líquido descontado
Valor de mercado	Valor de mercado das ações na bolsa de valores
Valor de liquidação	Valor obtido no encerramento do negócio

Fonte: Elaborado pelos autores.

Em resumo, o valor de uma empresa é determinado pela riqueza econômica expressa a valor presente, dimensionada pelos benefícios de caixa esperados no futuro e descontados por uma taxa de atratividade que reflete o custo de oportunidade dos vários provedores de capital.

Destacamos que o método da rentabilidade projetada pode utilizar as seguintes abordagens: avaliação relativa; avaliação por fluxo de dividendo projetado; avaliação por desconto do fluxo de caixa livre empresarial ou (operacional) projetado; avaliação por desconto do lucro econômico (EVA) projetado; avaliação por desconto do fluxo de caixa do acionista projetado (DCF patrimonial); valor presente ajustado.

Os diferentes conceitos e princípios de avaliação patrimonial e, portanto, de lucro são complementares. Nenhum deles possui todas as informações, utilidade e qualidade desejadas pelos usuários, devendo ser tratados como auxiliar aos demais. Em suma, todas as formas de avaliação, ao final, chegam ao mesmo lucro e ao mesmo caixa. Nessa perspectiva, a avaliação de empresas e/ou negócios depende, em grande parte, das expectativas futuras de desempenho. E os únicos fatores que, no longo prazo, podem fazer divergir na mensuração do lucro são a inflação e o custo de oportunidade.

Diversas publicações ordenam as empresas a partir de parâmetros distintos, o que permite uma comparação global em termos de receitas de bens/serviços, lucros, ativos e valor de mercado, conforme apresentamos a seguir:

Posição	Empresa	País	Vendas	Lucros	Ativos (Assets)	Valor de Mercado
1	Exxon Mobil	Estados Unidos	$433.5 B	$41.1 B	$331.1 B	$407.4 B
2	JPMorgan Chase	Estados Unidos	$110.8 B	$19 B	$2,265.8 B	$170.1 B
3	General Electric	Estados Unidos	$147.3 B	$14.2 B	$717.2 B	$213.7 B
4	Royal Dutch Shell	Holanda	$470.2 B	$30.9 B	$340.5 B	$227.6 B
5	ICBC	China	$82.6 B	$25.1 B	$2,039.1 B	$237.4 B
6	HSBC Holdings	Estados Unidos	$102 B	$16.2 B	$2,550 B	$164.3 B
7	PetroChina	China	$310.1 B	$20.6 B	$304.7 B	$294.7 B
8	Berkshire Hathaway	Estados Unidos	$143.7 B	$10.3 B	$392.6 B	$202.2 B
9	Wells Fargo	Estados Unidos	$87.6 B	$15.9 B	$1,313.9 B	$178.7 B
10	Petrobras- -Petróleo Brasil	Brasil	$145.9 B	$20.1 B	$319.4 B	$180 B
30	Itaú Unibanco Holding	Brasil	$75.5 B	$7.4 B	$426.4 B	$91.2 B
43	Banco Bradesco	Brasil	$79.8 B	$5.9 B	$397.1 B	$65.3 B
54	Banco do Brasil	Brasil	$72.4 B	$6.5 B	$516.3 B	$45.9 B
56	Vale	Brasil	$55.4 B	$20.3 B	$127.6 B	$126.8 B

Fonte: Forbes, The world's biggest public companies (www.forbes.com/global2000). Acesso em: set. 2012.

As técnicas e medidas adotadas para a avaliação acabam por envolver determinado grau de julgamento que varia muito e, frequentemente, implica a adoção de ajustes arbitrários, baseados no instinto e em evidências empíricas limitadas. Podemos considerar a avaliação uma estimativa que estabelece, dentro de uma faixa, um valor referencial de tendência que reflete os impactos das forças de mercado, e não a fixação concreta de um preço ou valor específico de um ativo.

Assim, antes de escolher os métodos de avaliação que serão aplicados, é fundamental a elaboração preliminar de um diagnóstico preciso da empresa avaliada, onde se incluem o contexto macroeconômico no qual ela está inserida, seu setor de atuação, seu mercado consumidor, seu desempenho passado e atual, seus aspectos econômicos, financeiros, sociais, jurídicos, fiscais, comerciais, tecnológicos e técnicos. A profundidade dessas análises depende das peculiaridades de cada caso, do tamanho do negócio, da disponibilidade de informação e de sua atualização constante, de acordo com o fluxo dinâmico dos dados econômicos.

No século XXI, com um número infinito de informações de fácil acesso, é incompreensível que alguém invista sem analisar as alternativas. É justamente essa infinidade de informações que pode confundir. Por essa razão elas foram sistematizadas em diferentes formas de análise, resultando em duas grandes escolas: a fundamentalista e a de análise técnica. De forma geral, as duas visam projetar resultados futuros dos investimentos disponíveis e mensurar o risco que essas projeções podem apresentar. Os princípios da análise fundamentalista serão apresentados a seguir; e os da análise técnica, no próximo capítulo.

Análise fundamentalista da empresa

A análise fundamentalista estuda todas as informações disponíveis no mercado com o objetivo de determinar o valor real das ações da empresa e formular uma recomendação sobre sua compra ou venda. A análise através dos indicadores financeiros apresenta uma fotografia mais clara da situação e do desempenho recente das empresas e os riscos que podem alterar o preço da ação.

Na análise fundamentalista os indicadores podem ser divididos em dois grupos: de balanço e de mercado. Os indicadores de balanço são os que usam somente as informações contidas nas demonstrações financeiras consolidadas: balanço patrimonial e demonstração de resultado, publicados periodicamente e com impacto direto nos preços das ações. Os indicadores de mercado utilizam informações de balanço e dados do mercado para seu cálculo, sendo seu valor alterado diariamente de acordo com as informações das operações no mercado.

A análise das demonstrações contábeis incorpora dois aspectos: o estático, que corresponde à fotografia da empresa em determinado momento; e o dinâmico, que analisa sua evolução para determinar sua tendência. No desempenho da empresa deve ser considerada a convergência de várias forças econômicas, entre elas o mercado, os fornecedores, os colaboradores, o mercado financeiro, a comunidade e o governo. Para verificar o alcance dos objetivos da companhia, utilizam-se índices financeiros que retratam os diferentes aspectos que impactam o seu crescimento.

O investidor se torna sócio da empresa e busca entender todos os fatores que influenciam o seu desempenho. Uma boa análise leva em conta tanto fatores macro quanto microeconômicos, tanto o lado quantitativo (seus números) quanto o qualitativo (seus controladores, seus executivos, a composição do conselho administrativo e demais informações). Ocorre cada vez mais a ênfase no lado qualitativo, pois, muitas vezes, uma empresa com saúde financeira impecável pode estar subavaliada. Por exemplo, por problemas de governança, ou por eventos atípicos temporários, que não se refletem nos balanços, mas impactam o valor das ações.

A publicação das demonstrações financeiras pelas empresas é o meio formal utilizado pelos administradores para apresentar, para os sócios e acionistas, um resumo de todas as operações realizadas e seu progresso em direção aos objetivos estratégicos. As empresas prestam contas também aos demais colaboradores, os *stakeholders* (conjunto heterogêneo de indivíduos, organizações ou grupos econômicos, tais como clientes, fornecedores, funcionários, governos, instituições financeiras e investidores). Existem metodologias de avaliação de empresas que podem até mesmo ser usadas simultaneamente, e o investidor deve escolher a que melhor se ajusta à realidade do empreendimento a ser avaliado.

A análise fundamentalista mapeia/fotografa os indicadores do presente para projetar o futuro da empresa. São chamados fundamentos da empresa todos os fatores macro e microeconômicos que influenciam o seu desempenho, o que significa que as empresas não dependem apenas de si próprias. Em um momento de crise, por exemplo, mesmo aquelas que tomam atitudes acertadas podem ter o seu valor de mercado reduzido.

Em termos macroeconômicos acompanham-se indicadores como inflação, taxas de juros, políticas setoriais, câmbio,

Produto Interno Bruto (PIB), finanças públicas e decisões governamentais globais. Em termos microeconômicos, são consideradas as características do setor da empresa, seus concorrentes e os resultados, como lucro, dividendos, governança corporativa e demais indicadores. Por meio de análise detalhada, em geral num período entre cinco e 10 anos, os investidores lançam mão dos principais indicadores com um olhar no desempenho histórico e setorial para projetar a tendência dos resultados no longo prazo.

Existem publicações que apresentam, anualmente, informações padronizadas, propiciando uma visão ampla do setor econômico e de seus participantes. Além disso, indicam padrões que podem ser usados para avaliar o desempenho econômico-financeiro de diferentes empresas, comparadas com o todo e com o setor de atuação de cada uma. Exemplos dessas publicações são *Valor 1000* (www.valor.com.br), *Conjuntura Econômica – 100 Maiores* (www.conjunturaeconomica.com.br), *Exame Melhores e Maiores* (http://exame.abril.com.br/negócios/melhores-e-maiores/) e, para uma comparação global, a *Fortune 500* (http://money.cnn.com/magazines/fortune/fortune500/).

Nem todo mundo que investe por conta própria na bolsa é especialista em finanças, economia, negócios. Mas é possível compreender os conceitos que norteiam os investidores, através da análise fundamentalista, que avalia a saúde financeira das empresas e visa determinar o preço justo para as ações. Embora as informações que servem de base para os fundamentalistas sejam públicas, análises mais profundas levam não só à identificação de bons negócios para seus acionistas como também à descoberta do que o mercado não está precificando.

Destaque na aplicação dessa técnica de análise é o megainvestidor Warren Buffet, que desenvolveu um grupo único de ferramentas analíticas para identificar as empresas que tinham vantagem competitiva de longo prazo em relação às concorrentes e, mesmo pagando um preço justo, apresentavam uma forte geração de riqueza no longo prazo (Buffet e Clark, 2010).

Cabe ao bom analista saber avaliar o "preço justo" da ação, identificando os investimentos mais seguros. O preço justo é a discrepância entre o valor intrínseco da companhia e seu preço de mercado. Quanto maior essa diferença, maior a margem de segurança para o investidor.

As demonstrações financeiras das empresas fornecem as informações básicas para se determinar o seu valor. Também fornecem os conceitos que os investidores devem conhecer como margem das vendas, o seu retorno sobre o patrimônio líquido e, sobretudo, a manutenção e a direção dos seus lucros em determinado período e para empresas de um mesmo setor. A partir dos dados dos balanços, é possível também calcular uma série de índices e múltiplos. É importante ressaltar que, isoladamente, nenhum desses indicadores é suficiente para avaliar se os papéis de uma empresa são "bons" para investir ou não.

As sociedades por ações são obrigadas a elaborar e publicar as seguintes demonstrações financeiras: balanço patrimonial (BP), demonstração de resultado (DRE), demonstração de fluxo de caixa (DFC) e demonstração de valor adicionado (DVA). A DFC e a DVA foram introduzidas com a nova lei contábil de 2007, visando se adequar aos padrões contábeis internacionais, com informações mais detalhadas e transparentes aos investidores de mercado.

O balanço patrimonial reflete a posição financeira da empresa em determinado momento. Seus dados são agrupados em três tipos de relatório: Informações Trimestrais (ITR), Demonstrações Financeiras Padronizadas (DFP) e Informações Anuais (IAN). A demonstração de resultado visa apurar o lucro ou o prejuízo do exercício. A demonstração de fluxo de caixa indica a variação de entrada e a saída de caixa relativa às operações, às atividades de financiamento e de investimentos em determinado período. A demonstração de valor adicionado indica como a riqueza gerada foi distribuída pela empresa entre governos, credores, empregados e acionistas.

Principais demonstrações financeiras

O balanço patrimonial é formado por ativo (bens e direitos), passivo (obrigações com terceiros) e patrimônio líquido. O patrimônio líquido evidencia a riqueza da empresa, uma vez que é constituído pelo capital investido pelos proprietários acrescido do lucro retido, isto é, do lucro que não é distribuído aos acionistas. Também é conhecido como passivo não exigível, representando a obrigação da empresa perante seus acionistas/proprietários.

O valor calculado do patrimônio líquido corresponde à diferença entre o ativo total e o passivo exigível, indicando o total de recursos da empresa. É composto de cinco grupos: capital social, reserva de capital, reserva de reavaliação, reserva de lucros e lucros ou prejuízos acumulados. O valor do patrimônio é determinado pela equação simplificada:

> Patrimônio Líquido = Bens e direitos – Obrigações

Caso o total das obrigações supere o total dos bens e direitos, o patrimônio dos acionistas corresponde a um valor negativo, o que indica que a empresa estará, tecnicamente, quebrada. Portanto, é importante avaliar a composição das contas, o que será exposto a seguir.

O ativo é composto pelos bens, que são máquinas, terrenos, estoques, moeda, equipamentos, veículos, instalações, entre outros, somados aos direitos, que são as contas a receber, as aplicações financeiras, os depósitos em contas bancárias, os títulos de crédito, entre outros. As contas são apresentadas por ordem decrescente de liquidez em dois grupos: o ativo circulante, que são as contas que se transformarão em caixa no prazo de um ano, e o ativo não circulante, composto pelos valores a receber a longo prazo, utilizados para as atividades operacionais da empresa, como imóveis, máquinas e instalações. Na análise do ativo são consideradas as questões apresentadas a seguir.

Ativo Total

Ativo Circulante
- Caixa e Aplicações Financeiras
- Contas a Receber
- Estoques

Ativo Não Circulante
- Ativo Realizável a Longo Prazo
- Investimentos
- Imobilizado
- Intangível

⇦

Avaliar a rentabilidade dos recursos investidos:
- Decisões sobre aquisições de ativos de curto e longo prazo
- Decisões sobre a composição e os riscos das novas alternativas de investimentos
- Avaliar o que deve ser descartado, reduzido ou eliminado, por não acrescentar valor

Fonte: Elaborado pelos autores com base em informações da CVM.

As principais demonstrações financeiras relativas às sociedades anônimas de capital aberto estão disponíveis na CVM (www.cvm.gov.br), ou podem ser acessadas através da opção "Empresas listadas" no portal da Bovespa (www.bmfbovespa.com.br/), informando-se o nome da empresa no campo disponível para a busca. Vários dados sobre as empresas estão disponíveis nesse link. Para acessar o balanço patrimonial, após escolher a empresa selecione "Relatórios financeiros" e, na área "Demonstrações financeiras padronizadas", selecione o relatório financeiro mais atual e, em seguida, "Demonstrações financeiras consolidadas". A tabela a seguir mostra o balanço patrimonial ativo da Petrobras, acessado conforme apresentado.

				PETROBRAS
DFs Consolidadas / Balanço Patrimonial Ativo - (Reais Mil)				
Conta	Descrição	31/12/2012	31/12/2011	31/12/2010
1	Ativo Total	677.716.287	600.096.965	516.845.748
1.01	Ativo Circulante	118.101.812	121.163.683	105.902.186
1.01.01	Caixa e Equivalentes de Caixa	27.628.003	35.747.240	29.416.189
1.01.02	Aplicações Financeiras	21.315.726	16.808.467	26.013.381
1.01.03	Contas a Receber	22.680.509	22.052.615	18.069.291
1.01.05	Ativos Biológicos			
1.01.06	Tributos a Recuperar	11.386.585	12.845.667	8.766.979
1.01.07	Despesas Antecipadas	1.692.488	1.328.418	987.241
1.01.08	Outros Ativos Circulantes	3.662.553	3.934.352	2.973.982

Continua

				PETROBRAS
DFs Consolidadas / Balanço Patrimonial Ativo - (Reais Mil)				
Conta	Descrição	31/12/2012	31/12/2011	31/12/2010
1.02	Ativo Não Circulante	559.614.475	478.933.282	410.943.562
1.02.01	Ativo Realizável a Longo Prazo	47.215.186	42.134.300	37.718.356
1.02.02	Investimentos	12.476.892	12.248.080	11.591.644
1.02.03	Imobilizado	418.715.641	343.117.294	280.094.834
1.02.04	Intangível	81.206.756	81.433.608	81.538.728
1.02.04.01.02	Direitos e Concessões	78.701.762	78.803.497	78.952.279
1.02.04.01.03	Softwares	1.564.311	1.681.011	1.680.513
1.02.04.02	Goodwill	940.683	949.100	905.936

Fonte: Site da Bovespa (www.bmfbovespa.com.br).

O passivo exigível apresenta as dívidas, as obrigações, os riscos e as contingências da empresa, em ordem crescente em termos de prazo de vencimento. O passivo circulante corresponde às obrigações que devem ser saldadas no prazo máximo de um ano; e o passivo não circulante corresponde às obrigações que vencem em prazos maiores que um ano.

São apresentados também os resultados de exercícios futuros, que são as obrigações da empresa que, por regime de competência, não foram incorporadas ao patrimônio líquido. Na análise do passivo são considerados as seguintes questões, sintetizadas no quadro a seguir:

Passivo Total

Passivo Circulante
- Obrigações Sociais e Trabalhistas
- Fornecedores
- Obrigações Fiscais
- Empréstimos e Financiamentos

Passivo Não Circulante
- Empréstimos e Financiamentos
- Debêntures
- Provisões e Tributos Diferidos

Patrimônio Líquido
- Capital Social Realizado
- Reservas de Capital
- Reservas de Reavaliação
- Reservas de Lucro
- Lucros/Prejuízos Acumulados

⇐

Avaliar a estrutura de capital:
- Proporção entre fontes de recursos - capital de terceiros e/ou próprio
- Perfil de endividamento em curto e longo prazo
- Avaliar o sincronismo entre os vencimentos das dívidas e a geração dos meios de pagamento
- Custo das fontes de recursos
- Avaliar o risco financeiro

Fonte: Elaborado pelos autores com base em informações da CVM (www.cvm.gov.br).

A tabela a seguir mostra o balanço patrimonial passivo da Petrobras, que pode ser acessado na íntegra no site da Bovespa, conforme caminho informado anteriormente.

				Petrobras
DFs Consolidadas / Balanço Patrimonial Passivo - (Reais Mil)				
Conta	Descrição	31/12/2012	31/12/2011	31/12/2010
2	Passivo Total	677.716.287	600.096.965	516.845.748
2.01	Passivo Circulante	69.620.583	68.212.334	55.947.631
2.01.01	Obrigações Sociais e Trabalhistas	4.420.579	4.742.206	4.241.952

Continua

Petrobras

DFs Consolidadas / Balanço Patrimonial Passivo - (Reais Mil)

Conta	Descrição	31/12/2012	31/12/2011	31/12/2010
2.01.02	Fornecedores	23.735.510	21.417.528	16.710.444
2.01.03	Obrigações Fiscais	12.521.622	10.968.716	10.060.495
2.01.04	Empréstimos e Financiamentos	15.319.805	18.966.329	15.089.475
2.01.05	Outras Obrigações	12.013.440	10.690.520	8.542.078
2.02	Passivo Não Circulante	262.662.051	199.661.020	151.069.842
2.02.01	Empréstimos e Financiamentos	180.993.544	136.588.365	100.857.665
2.02.02	Outras Obrigações	1.576.609	2.309.851	1.301.828
2.02.03	Tributos Diferidos	39.261.600	33.229.769	25.862.648
2.02.04	Provisões	40.830.298	27.533.035	23.047.701
2.03	Patrimônio Líquido Consolidado	345.433.653	332.223.611	309.828.275
2.03.01	Capital Social Realizado	205.392.137	205.379.729	205.357.103
2.03.02	Reservas de Capital	630.288	562.643	-6.257
2.03.04	Reservas de Lucros	134.928.829	122.624.124	101.323.731
2.03.06	Ajustes de Avaliação Patrimonial	50.510	345.700	287.084
2.03.07	Ajustes Acumulados de Conversão	2.077.909	926.685	-196.479
2.03.09	Participação dos Acionistas Não Controladores	2.353.980	2.384.730	3.063.093

Fonte: Site da Bovespa (www.bmfbovespa.com.br).

A demonstração do resultado do exercício (DRE) apresenta um resumo das transações operacionais e financeiras que resultarão na variação do patrimônio dos acionistas, que será transferido para "lucros" ou "prejuízos acumulados" ao final de cada exercício. São apresentados os ganhos, as perdas acumuladas, as receitas, as despesas, apurados pelo regime de competência, portanto, independentemente de seus pagamentos e recebimentos. O exercício contábil geralmente é igual a um ano, mas podem ser apresentadas versões limitadas das demonstrações do resultado com frequência trimestral ou semestral. Na avaliação da demonstração do resultado são consideradas as questões:

Demonstração do Resultado do Exercício

Receita de Venda - Bens/Serviços
- Custo de Bens/Serviços Vendidos
= **Resultado Bruto**
- Despesas/Receitas Operacionais
= **Resultado antes do Resultado Financeiro e dos Tributos - Ebit**
-/+ Resultado Financeiro
= **Resultado Antes dos Tributos sobre o lucro**
- Imposto de Renda e Contribuição Social
= **Lucro/Prejuízo Consolidado**
  Lucro por Ação
  • PN
  • ON

⇐

Avaliar o resultado obtido e sua evolução:
- Crescimento de vendas em relação às despesas
- Avaliar a margem: bruta, operacional (Ebitda) e líquida
- Eficiência na gestão de custos e despesas
- Avaliar a proporção das receitas em relação aos investimentos
- Comparar os resultados com os melhores do setor

Fonte: Elaborado pelos autores com base em informações da CVM (www.cvm.gov.br).

A tabela a seguir apresenta a demonstração do resultado da Petrobras, que pode ser acessada na íntegra no site da Bovespa, conforme o caminho informado anteriormente.

Petrobras

DFs Consolidadas / Demonstração do Resultado - (Reais Mil)

Conta	Descrição	01/01/2012 à 31/12/2012	01/01/2011 à 31/12/2011	01/01/2010 à 31/12/2010
3.01	Receita de Venda de Bens e/ou Serviços	281.379.482	244.176.142	211.841.891
3.02	Custo dos Bens e/ou Serviços Vendidos	-210.472.129	-166.939.260	-135.617.039
3.03	Resultado Bruto	70.907.353	77.236.882	76.224.852
3.04	Despesas/Receitas Operacionais	-39.431.322	-33.008.162	-30.936.698
3.04.02	Despesas Gerais e Administrativas	-9.842.321	-8.646.758	-7.802.129
3.04.05	Outras Despesas Operacionais	-20.069.414	-15.797.229	-15.162.748
3.04.06	Resultado de Equivalência Patrimonial	84.042	385.868	584.818
3.05	Resultado Antes do Resultado Financeiro e dos Tributos	31.476.031	44.228.720	45.288.154
3.06	Resultado Financeiro	-3.722.560	122.220	2.620.560
3.06.01	Receitas Financeiras	7.241.157	6.542.637	5.765.447
3.06.02	Despesas Financeiras	-10.963.717	-6.420.417	-3.144.887
3.07	Resultado Antes dos Tributos sobre o Lucro	27.753.471	44.350.940	47.908.714
3.08	Imposto de Renda e Contribuição Social sobre o Lucro	-6.794.109	-11.241.328	-12.027.382
3.09	Resultado Líquido das Operações Continuadas	20.959.362	33.109.612	35.881.332
3.11	Lucro/Prejuízo Consolidado do Período	20.959.362	33.109.612	35.881.332
3.99	Lucro por Ação - (Reais / Ação)			
3.99.01	Lucro Básico por Ação			

Continua

				Petrobras
DFs Consolidadas / Demonstração do Resultado - (Reais Mil)				
Conta	Descrição	01/01/2012 à 31/12/2012	01/01/2011 à 31/12/2011	01/01/2010 à 31/12/2010
3.99.01.01	ON	1,62000	2,55000	3,57000
3.99.01.02	PN	1,62000	2,55000	3,57000

Fonte: Site da Bovespa (www.bmfbovespa.com.br).

Principais indicadores econômico-financeiros

Para avaliar uma empresa de capital aberto, não é suficiente entender o que representam os números contidos no balanço patrimonial, apresentado sobre as inúmeras planilhas que compõem as demonstrações financeiras. É necessário transformar esses dados em informações padronizadas fundamentais à tomada de decisão, observando-se sua evolução no tempo e efetuando-se comparações com outras empresas do mesmo setor ou ramo de atividade.

A situação financeira pode ser medida através dos índices de *liquidez*, *atividade operacional* e *estrutura patrimonial*. Em relação à situação econômica, tratamos basicamente da mensuração e avaliação dos resultados – lucros ou prejuízos alcançados em comparação com os recursos aplicados, através dos índices de *rentabilidade*.

Índices de liquidez e atividade operacional

Os índices de *liquidez* avaliam a capacidade da empresa de saldar seus compromissos a curto prazo. O principal índice é o de liquidez corrente, que indica a proporção de cada unidade monetária que a empresa dispõe para pagamento de suas dívidas de curto prazo. O índice é calculado dividindo-se o ativo circulante pelo passivo circulante. Para aprimorar a qualidade da análise da capacidade de pagamento da empresa, podemos calcular a liquidez seca, que não considera o valor dos estoques para o pagamento das dívidas de curto prazo e é utilizada nas análises de risco de crédito pelas instituições financeiras.

Em geral, o índice maior que 1 significa que a empresa tem recursos para saldar as dívidas de curto prazo. Entretanto, deve-se avaliar a composição desses ativos e o padrão do setor da empresa. Por exemplo, no setor de transporte público não existe venda a prazo, nem estoque de mercadoria, portanto, um índice ligeiramente menor que 1 pode não ser problemático. A manutenção de um padrão acima de 1, por vários períodos, demonstra um sólido controle da empresa em relação aos recursos de curto prazo, conforme podemos observar no comportamento da Gerdau exibido a seguir.

Gerdau				Bovespa
Informações Gerais				
Nome	Gerdau			
Código	GGBR4			
Setor	Transformação de aço em produto de aço			
Principal Acionista	Metalúrgica Gerdau S/A			
% Ações Possuídas	40,3			
Indicadores Financeiros	12/2009	12/2010	12/2011	12/2012
Liquidez Corrente	2,94	2,58	2,56	2,10

Fonte: Site da consultoria Economatica (www.economatica.com/).

Esse mesmo índice pode ser utilizado para comparar empresas de qualquer país e em qualquer economia, conforme apresentado no exemplo da Google, a seguir:

Google				Nasdaq
Informações Gerais				
Nome	Google			
Código	GOOG			
Setor	Projetos de sistemas de computação			
Principal Acionista				
% Ações Possuídas				
Indicadores Financeiros	12/2009	12/2010	12/2011	12/2012
Liquidez Corrente	10,62	4,16	5,92	4,22

Fonte: Site da consultoria Economatica (www.economatica.com/).

As decisões que afetam a liquidez da empresa estão diretamente relacionadas à gestão da *atividade operacional*. Na análise do ciclo operacional, vários índices podem ser usados para medir a eficiência da empresa na gestão do capital de giro. Os índices de atividade servem para medir a rapidez com que a empresa recebe pelas vendas, a fim de pagar suas compras e renovar seu estoque. O índice de liquidez reflete as decisões em relação aos volumes de contas a receber, estoques e prazos de pagamento a fornecedores e despesas provisionadas.

O ciclo operacional pode ser medido de duas formas distintas: pelo ciclo financeiro e pelo ciclo econômico. O ciclo financeiro é determinado pelo período entre o desembolso de caixa para a aquisição de matérias-primas até o recebimento dos recursos referentes à venda do produto acabado. A redução do ciclo operacional, por meio da redução dos prazos médios de estocagem e/ou do recebimento de vendas, corresponde a uma redução no índice de liquidez.

Por outro lado, o ciclo econômico é medido pelo prazo decorrido entre o pagamento aos fornecedores de matérias-primas/mercadorias e o recebimento através das vendas. Com o aumento no prazo médio de pagamento aos fornecedores, aumenta-se a eficiência na gestão dos recursos aplicados, apesar de se reduzir o índice de liquidez. Portanto, a análise desse indicador deve ser feita em conjunto com as fontes de recursos utilizadas para o financiamento do capital de giro.

Um importante indicador para avaliar os investimentos realizados pelas empresas é a *produtividade do ativo*, que é calculada pela divisão da receita de vendas de bens/serviços pelo ativo total. Quanto maior a receita das operações da empresa, em relação ao investimento realizado em ativos, melhor seu desempenho. Para a análise, é importante avaliar a evolução histórica, de forma a identificar a ocorrência de investimentos e considerar as características operacionais dos diferentes setores empresariais. Por exemplo, nas empresas industriais, ou com grande investimento em ativos, as receitas operacionais podem corresponder apenas a um valor reduzido, como podemos observar no *giro do ativo* calculado para uma empresa de varejo em comparação a uma empresa do setor de energia.

Lojas Renner				Bovespa
Informações Gerais				
Nome	Lojas Renner			
Código	LREN3			
Setor	Loja de Roupa			
Principal Acionista	Aberden Asset Management Plc			
% Ações Possuídas	14,4%			
Balanço - R$ M	**12/2009**	**12/2010**	**12/2011**	**12/2012**
Ativo Total	1.921	2.456	2.984	3.770
Receita Líquida Operacional	2.364	2.751	3.239	3.863
Giro do Ativo	**1,23**	**1,12**	**1,09**	**1,02**

Fonte: Site da consultoria Economatica (www.economatica.com/).

Transmissão Paulista				Bovespa
Informações Gerais				
Nome	Transmissão Paulista			
Código	TRPL4			
Setor	Geração, transmissão e distribuição de energia			
Principal Acionista	Isa Capital do Brasil S.A.			
% Ações Possuídas	37,8			
Balanço - R$ M	**12/2009**	**12/2010**	**12/2011**	**12/2012**
Ativo Total	6.320	6.931	8.409	9.837
Receita Líquida Operacional	1.656	2.256	2.901	2.819
Giro do Ativo	0,26	0,33	0,34	0,29

Fonte: Site da consultoria Economatica (www.economatica.com/).

Índices de estrutura patrimonial

Na *estrutura patrimonial* procura-se identificar a composição das fontes de recursos, entre capital próprio e de terceiros, que a empresa utiliza para garantir o crescimento sustentado de suas atividades. Os recursos obtidos com aporte de capital pelos sócios, a abertura de capital a novos sócios e a geração de recursos pela empresa com seus lucros são considerados o seu capital próprio. Essa fonte normalmente gera custo de oportunidade, mas não existe um prazo predeterminado para o retorno. O capital de terceiros obtido no mercado financeiro para financiamento do processo produtivo ou operacional da empresa deve ser devolvido em prazos determinados, com custo financeiro em moeda local ou estrangeira. A utilização de recursos onerosos de terceiros em instituições financeiras pode limitar a captação de recursos através de novas operações.

A maior proporção de financiamento com capital de terceiros aumenta a alavancagem financeira da empresa. Quanto maior o volume de capital de terceiros em relação ao capital próprio, maior será a alavancagem. Uma empresa que utiliza apenas capital próprio é considerada não alavancada.

O efeito da estrutura financeira pode ser analisado no balanço da empresa e medido pelos índices de endividamento. Na análise do endividamento podem ser utilizados vários índices, entre os quais participação do exigível a curto prazo; participação do exigível a longo prazo; ou participação do exigível total. Um dos mais utilizados é o índice de endividamento geral, que indica que proporção do ativo total da empresa está sendo financiada pelos credores de curto e longo prazo.

O índice de endividamento geral é calculado pela divisão da soma do passivo circulante com o passivo não circulante pelo ativo total, multiplicado, em seguida, por 100. O resultado é em porcentagem e representa a participação dos recursos financiados por terceiros na operação da empresa. Esse resultado pode ser considerado um indicador de risco do negócio, já que o aumento nas taxas de juros pode comprometer a capacidade de pagamento da empresa. Entretanto, um aumento significativo no grau de endividamento pode ser positivo, se estiver ligado à modernização ou à ampliação da capacidade produtiva para o desenvolvimento de novos produtos ou a melhoria de processos logísticos. Dessa forma, é necessário acompanhar o resultado desses investimentos no aumento da receita ou do lucro líquido nos períodos seguintes, a fim de confirmar que o endividamento foi compensado por meio da performance da empresa.

Na análise da estrutura patrimonial é possível avaliar a *alavancagem financeira* da empresa, isto é, a participação dos recursos próprios no montante investido por ela em seu ativo, calculado pela divisão do ativo total pelo patrimônio líquido.

Quanto maior se apresentar esse índice, maior será a alavancagem financeira, ou seja, maior a dependência da empresa a recursos de terceiros. Por outro lado, quando o índice for igual a 1, isso indica que a empresa é não alavancada e que, portanto, não utiliza recursos de terceiros no financiamento de suas atividades. A utilização de empréstimos é normal na atividade de qualquer empresa, entretanto, as decisões de financiamento devem levar em conta as condições de prazos e taxas de juros nas operações do mercado financeiro, em relação à característica em termos de prazo e taxa de retorno na utilização desses recursos.

Por exemplo, no caso da Petrobras, apresentado a seguir, a decisão foi capitalizar a empresa com recursos próprios, como ocorreu em 2010, a fim de que pudesse realizar os investimentos na área do pré-sal, com longo prazo de maturação e grandes incertezas, reduzindo seu índice de alavancagem financeira. Por outro lado, a IBM utiliza, proporcionalmente, recursos de terceiros em maior volume, possivelmente refletindo as melhores condições de crédito do mercado internacional.

Petrobras				Bovespa
Informações Gerais				
Nome	Petrobras			
Código	PETR4			
Setor	Extração de petróleo e gás			
Principal Acionista	União Federal (Tesouro Nacional)			
% Ações Possuídas	29,5			
Balanço - R$ M	**12/2009**	**12/2010**	**12/2011**	**12/2012**
Ativo Total	345.607	519.970	599.150	677.716
Patrimônio Líquido	159.465	306.765	329.839	343.080
Alavancagem Financeira	**2,17**	**1,70**	**1,82**	**1,98**

Fonte: Site da consultoria Economatica (www.economatica.com/).

IBM				Nyse
Informações Gerais				
Nome	International Business Machines			
Código	IBM			
Setor	Indústria de computadores e periféricos			
Principal Acionista				
% Ações Possuídas				
Balanço - US$ M	**12/2009**	**12/2010**	**12/2011**	**12/2012**
Ativo Total	109.022	113.452	116.433	119.213
Patrimônio Líquido	22.637	23.046	20.138	18.860
Alavancagem Financeira	**4,82**	**4,92**	**5,78**	**6,32**

Fonte: Site da consultoria Economatica (www.economatica.com/).

Índices de rentabilidade

A análise da rentabilidade mede a capacidade da empresa de gerenciar suas atividades e tomar decisões financeiras sobre a parcela de recursos da receita que não está comprometida com os custos e as despesas. Um conjunto de indicadores é utilizado para a análise da rentabilidade, avaliando-se os diferentes desembolsos da companhia. Eles se apropriam de parcelas da receita, permitindo a compreensão dos impactos dos fatores externos macroeconômicos e setoriais e das decisões internas determinantes do resultado final.

A *margem bruta* representa o percentual da receita líquida operacional que não foi despendido com os custos dos produtos e/ou serviços vendidos. É calculada por meio da divisão do lucro bruto pela receita líquida operacional, cujo resultado é multiplicado por 100. Representa quanto, de cada real vendido, permaneceu na empresa na forma de lucro bruto. Por exemplo, o resultado de 10% significa que, de cada real de receita/serviço, 10 centavos correspondem a lucro para a empresa. Pode-se fazer o mesmo cálculo utilizando-se, no lugar do lucro bruto, o lucro operacional e o lucro líquido, obtendo-se, respectivamente, a margem operacional e a margem líquida.

A *margem operacional* mede o resultado da atividade da empresa, comparando-se o resultado antes do resultado financeiro e dos impostos, em determinado período, após o pagamento dos custos dos produtos e/ou serviços, e as despesas da atividade, que compreendem os gastos realizados para cobrir as funções com administração geral e as relacionadas à estrutura de comercialização e venda de produtos/serviços. É calculada por meio da divisão do lucro antes de juros e impostos (Laji) pela receita líquida operacional, multiplicado por 100. Representa a parcela da receita líquida que não está comprometida em seu funcionamento normal e pelos custos associados à produção. A comparação pode ser mais bem interpretada quando se utilizam os indicadores de diferentes empresas de um mesmo setor, sendo mais eficazes aquelas que alcançam maiores margens de atividades.

A *margem líquida* compara, em determinado período, o resultado líquido, que é o produto final da atividade da empresa, à receita líquida operacional. É calculada por meio da divisão do lucro líquido pela receita líquida operacional, cujo resultado é multiplicado por 100. O resultado líquido corresponde aos fluxos de recursos não comprometidos com todos os fatores econômicos que impactam as atividades da empresa, tais como pagamentos, remunerações ou provisões, exceto a remuneração do capital próprio e a distribuição desse resultado para os acionistas. O resultado pode ser destinado tanto à composição de reservas de lucros quanto à distribuição entre os sócios.

Quando a empresa apresenta um resultado líquido negativo, o que corresponde a prejuízo, a margem líquida será negativa, indicando a parcela dos recursos que não foi coberta pela receita líquida no período em análise. Por exemplo, nas empresas listadas a seguir, é possível observar as situações de resultado positivo e negativo, cabendo ao analista investigar os fatores que levaram a tais resultados. A comparação desses indicadores entre setores permite um panorama interessante dos prováveis impactos que os fatores externos macroeconômicos, políticos, ambientais e sociais exercem sobre a atividade econômica e a atratividade dos diversos setores da economia.

Tractebel				Bovespa
Informações Gerais				
Nome	Tractebel			
Código	TBLE3			
Setor	Geração, transmissão e distribuição de energia			
Principal Acionista	Gdf Suez Energy Latin America Part. Ltda			
% Ações Possuídas	68,7			
Indicadores Financeiros	**12/2009**	**12/2010**	**12/2011**	**12/2012**
Margem Bruta %	58,2%	54,0%	57,0%	56,6%
Margem Líquida %	32,4%	29,6%	33,5%	30,5%

Fonte: Site da consultoria Economatica (www.economatica.com/).

Usiminas				Bovespa
Informações Gerais				
Nome	Usiminas			
Código	USIM5			
Setor	Transformação de aço em produtos de aço			
Principal Acionista	Companhia Siderúrgica Nacional			
% Ações Possuídas	15,9%			
Indicadores Financeiros	**12/2009**	**12/2010**	**12/2011**	**12/2012**
Margem Bruta %	13,6%	19,5%	10,9%	5,2%
Margem Líquida %	11,3%	12,2%	3,4%	-4,2%

Fonte: Site da consultoria Economatica (www.economatica.com/).

A empresa pode obter ainda receitas que não estão ligadas à sua atividade operacional e sim ao resultado decorrente de investimentos e desinvestimentos em ativos financeiros, como títulos de renda fixa e contratos de *hedge*. Também incorre em despesas financeiras que correspondem ao pagamento dos empréstimos e financiamentos utilizados em suas atividades. Pode possuir ainda investimentos em coligadas e controladas, cujas participações no capital destas corresponderão, na mesma proporção, ao resultado de equivalência patrimonial.

No geral, a tendência de longo prazo é a obtenção de resultado financeiro negativo, pois a aplicação financeira não costuma ser suficiente para cobrir os custos de remuneração do capital de terceiros investidos na empresa. Assim, usualmente, a receita financeira é inexpressiva em relação à despesa financeira. As notas explicativas, publicadas com as demonstrações financeiras, fornecem informações complementares sobre a composição da aplicação das disponibilidades e características do endividamento em relação a custos e prazos, permitindo uma análise do risco financeiro da empresa.

O mercado utiliza também o Ebitda – na sigla em inglês, *Earns before interest, tax, depreciation and amortization*, ou seja, lucro antes de impostos, juros, depreciação e amortização (Matias, 2009) – para avaliar a geração de caixa proveniente das operações da empresa. Dessa forma, a margem Ebitda é calculada em percentual da receita líquida, vale dizer, quanto de lucro restou de cada real gerado pela atividade operacional da empresa. O indicador demonstra o real potencial de geração de caixa de uma empresa, uma vez que indica quanto de dinheiro é efetivamente gerado por sua atividade principal, desconsiderando-se o resultado financeiro, a depreciação e os impostos. Quando se comparam empresas de vários países, o Ebitda se torna uma ferramenta ainda mais importante, porque, na contabilização das deduções, é possível ser bastante flexível, o que torna o lucro líquido um indicador pouco consistente.

Esse indicador, apesar de medir com maior precisão a produtividade e a eficiência do negócio, não considera o montante de reinvestimento requerido pela depreciação, ou seja, não avalia se a empresa reserva uma parte de sua receita para reinvestir na renovação de suas máquinas e de seus equipamentos e em sua capacidade de endividamento.

A *rentabilidade do ativo* é um importante indicador para avaliar o desempenho do retorno do capital investido nos ativos da empresa. É calculada pela divisão do lucro líquido pelo ativo total, razão pela qual o indicador também é conhecido como retorno sobre o investimento. Para melhor interpretação dos fatores que impactam o retorno sobre o capital investido, pode-se calcular o indicador por meio do produto do giro do ativo pela margem líquida, que refletem a capacidade da empresa de minimizar as apropriações dos fluxos de recursos de receita pelos diversos custos e despesas de suas operações; e o volume total de capital que a empresa investe para obtenção dessa receita.

Em setores nos quais as empresas são fortemente dependentes de ativos imobilizados, com participação elevada em relação ao ativo total, os indicadores tendem a apresentar menor giro do ativo. É o caso das indústrias pesadas de bens de capital. Empresas comerciais de varejo e de serviços intensivos em mão de obra possuem, em geral, giro do ativo elevado; em contrapartida, apresentam reduzida margem líquida. Uma participação elevada no mercado e a qualidade relativa de seus produtos e serviços costumam fazer subir a rentabilidade do ativo. Por outro lado, investimentos elevados e custos fixos altos em geral reduzem a rentabilidade. Nos exemplos a seguir, observam-se duas empresas com vantagem competitiva em termos de investimentos em ativos e margens operacionais.

Natura				Bovespa
Informações Gerais				
Nome	Natura			
Código	NATU3			
Setor	Comércio atacadista de bens não duráveis			
Principal Acionista	Lisis Participações S/A			
% Ações Possuídas	22,2			
Balanço - R$ M	**12/2009**	**12/2010**	**12/2011**	**12/2012**
Ativo Total	2.741	3.222	3.793	5.375
Receita Líquida Operacional	4.242	5.137	5.591	6.346
Lucro Líquido	684	744	831	861
Indicadores Financeiros				
Giro do Ativo	1,55	1,59	1,47	1,18
Margem Líquida	16,1%	14,5%	14,9%	13,6%
Rentabilidade do Ativo	25,0%	23,1%	21,9%	16,0%

Fonte: Site da consultoria Economatica (www.economatica.com/).

Totvs				Bovespa
Informações Gerais				
Nome	Totvs			
Código	TOTS3			
Setor	Editora de software			
Principal Acionista	Lc Eh Part. e Empreendimentos S/A			
% Ações Possuídas	16,8			
Balanço - R$ M	**12/2009**	**12/2010**	**12/2011**	**12/2012**
Ativo Total	1.209	1.415	1.338	1.421
Receita Líquida Operacional	989	1.129	1.279	1.414
Lucro Líquido	120	138	169	207
Indicadores Financeiros				
Giro do Ativo	0,82	0,80	0,96	1,00
Margem Líquida	12,1%	12,2%	13,2%	14,6%
Rentabilidade do Ativo	9,9%	9,8%	12,6%	14,6%

Fonte: Site da consultoria Economatica (www.economatica.com/).

A *rentabilidade sobre patrimônio* corresponde à taxa de retorno do acionista, pois mede a capacidade da empresa de gerar lucro a partir de seu patrimônio, ou seja, do capital investido pelos acionistas. É calculada através da divisão do lucro líquido pelo patrimônio líquido. Quanto maior esse indicador, melhor; e seu aumento anual contínuo demonstra que a empresa obteve melhor performance, aumentando o patrimônio através do lucro.

A diferença entre os indicadores de retorno do ativo e de retorno sobre o patrimônio líquido reflete o uso de capital de terceiros no financiamento dos ativos da empresa. Quanto maior a proporção de financiamento com capital de terceiros em relação ao capital próprio, maior será a alavancagem financeira da empresa. Uma alavancagem mais elevada afeta a rentabilidade sobre o patrimônio de duas maneiras: há um efeito de custo financeiro que reduz a rentabilidade (mais despesas financeiras); e um efeito de estrutura financeira que aumenta a rentabilidade sobre o patrimônio, uma vez que utiliza menor volume de capital próprio em relação ao capital investido na empresa.

No primeiro exemplo, a seguir, a empresa demonstra que o uso de uma pequena alavancagem dobra o retorno do acionista. No segundo exemplo, proporcionalmente, a rentabilidade negativa sobre o ativo reduz o patrimônio do acionista.

Souza Cruz				Bovespa
Informações Gerais				
Nome	Souza Cruz			
Código	CRUZ3			
Setor	Indústria de fumo			
Principal Acionista	British American Tobacco International			
% Ações Possuídas	75,3			
Balanço - R$ M	**12/2009**	**12/2010**	**12/2011**	**12/2012**
Ativo Total	3.817	4.474	4.254	6.125
Patrimônio Líquido	1.895	2.096	2.079	2.365
Lucro Líquido	1.485	1.091	1.603	1.641
Indicadores Financeiros	**12/2009**	**12/2010**	**12/2011**	**12/2012**
Retorno do Ativo	38,9%	24,4%	37,7%	26,8%
Alavancagem Financeira	2,0	2,1	2,0	2,6
RPL %	78,4%	52,1%	77,1%	69,4%

Fonte: Site da consultoria Economatica (www.economatica.com/).

OGX Petróleo				Bovespa
Informações Gerais				
Nome	OGX Petróleo			
Código	OGXP3			
Setor	Extração de petróleo e gás			
Principal Acionista	Centennial Asset Mining Fundo LLC			
% Ações Possuídas	57,8			
Balanço - R$ M	**12/2009**	**12/2010**	**12/2011**	**12/2012**
Ativo Total	10.389	9.989	14.350	17.166
Patrimônio Líquido	9.186	9.215	8.815	7.699
Lucro Líquido	11	-123	-482	-1.139
Indicadores Financeiros		**12/2010**	**12/2011**	**12/2012**
Retorno do Ativo	0,1%	-1,2%	-3,4%	-6,6%
Alavancagem Financeira	1,1	1,1	1,6	2,2
RPL %	0,1%	-1,3%	-5,5%	-14,8%

Fonte: Site da consultoria Economatica (www.economatica.com/).

No exemplo a seguir, pode-se observar uma característica das empresas do setor financeiro que trabalham com elevado grau de alavancagem financeira: nas instituições bancárias, o padrão indicado para a alavancagem financeira, conforme o Comitê de Basileia, é de até 12 vezes o patrimônio líquido da empresa.

Redecard				Bovespa
Informações Gerais				
Nome	Redecard			
Código	RDCD3			
Setor	Serviços de processamento de dados			
Principal Acionista	Banestado Participações, Adm. e Servs. Ltda			
% Ações Possuídas	23,2			
Balanço - R$ M	**12/2009**	**12/2010**	**12/2011**	**12/2012**
Ativo Total	17.459	22.979	28.898	25.587
Patrimônio Líquido	719	1.401	1.581	1.606
Lucro Líquido	1.395	1.400	1.404	769
Indicadores Financeiros	**12/2009**	**12/2010**	**12/2011**	**12/2012**
Retorno do Ativo	8,0%	6,1%	4,9%	3,0%
Alavancagem Financeira	24,3	16,4	18,3	15,9
RPL %	194,0%	99,9%	88,8%	47,9%

Fonte: Site da consultoria Economatica (www.economatica.com/).

A manutenção de uma posição competitiva financeira sustentável de uma empresa em relação ao setor em que atua é alcançada com o equilíbrio entre giro, margem e alavancagem. A rentabilidade sobre o patrimônio é medida percentualmente através do lucro do exercício em relação ao patrimônio líquido. Entretanto, pode também ser calculada pela multiplicação do giro do ativo, com a margem líquida e a alavancagem financeira, possibilitando identificar qual fator é determinante no resultado para o acionista. É também conhecida como identidade de Du Pont, técnica inicialmente aplicada no grupo de empresas de mesmo nome para avaliar o desempenho e o retorno dos projetos de investimento em suas diversas empresas. O indicador é uma das principais medidas do retorno do investimento do capital próprio dos sócios, que, diferentemente do capital de terceiros, não tem uma remuneração obrigatória e definida. Entretanto, o aporte de capital próprio dos sócios na empresa indica uma expectativa de que as aplicações realizadas, somadas às aplicações do capital de terceiros nos projetos da empresa, depois de deduzidos os custos de captação, apresentem um retorno maior do que outras alternativas ou instrumentos financeiros.

Indicadores de mercado

A avaliação por múltiplos utiliza o método de comparação direta ou a avaliação relativa, baseada nos fundamentos da teoria econômica de que ativos semelhantes devem ser negociados a preços similares. Alternativamente, os analistas chamam esses indicadores de múltiplos.

Para entender melhor essa ideia, podemos reportar à negociação de veículos, que utiliza como base os preços de reposição médios do mercado de veículos praticados em diversas regiões do país e apresentados, mensalmente, pela Fundação Instituto de Pesquisas Econômicas (Fipe), de acordo com marca, modelo e ano. O índice Fipe é utilizado como parâmetro de negócio por lojas concessionárias, seguradoras e demais interessados.

Para realizar a avaliação por múltiplos, segundo Matias (2009), são necessárias as etapas apresentadas na figura a seguir:

- Ajustar as diferenças do ativo
- Transformar os preços de mercado em múltiplos – variáveis comuns para comparações
- Identificar ativos comparáveis com preços formados pelo mercado

Fonte: Matias (2009).

Na escolha dos melhores papéis e das empresas mais sólidas para investimentos é importante determinar o alvo de preço, em valores monetários, pelo qual se estima que o ativo seja negociado em uma data determinada. Com isso é possível identificar o potencial de ganho no mercado, na compra dos ativos subavaliados ou na venda dos superavaliados. Uma vez que a empresa tenha passado na avaliação dos indicadores econômicos e financeiros, é utilizada a análise de múltiplos que permite ao investidor estimar quanto valem suas ações, quanto elas podem gerar em dividendos e em quanto tempo se pode recuperar o que foi investido. Os principais múltiplos são: preço/lucro, preço/valor patrimonial, *dividend yield* e múltiplos específicos de setores.

O índice *preço/lucro* (P/L) é um dos múltiplos mais utilizados. Indica ao acionista o tempo de retorno do seu investimento, isto é, o número de anos necessários para que lucre a partir de seu investimento. É calculado através da divisão do preço da ação pelo lucro por ação. O lucro por ação é obtido dividindo-se o lucro líquido pela quantidade de ações; ele pode ser estimado para os anos seguintes em regime de perpetuidade. Os índices referentes a lucro podem ser determinados por meio do uso da média de preços em determinados números de pregões, ou através da última cotação. Podem ser adotados diversos parâmetros, como o ano fiscal mais atual ou o resultado anualizado do trimestre mais próximo ou, ainda, projeções para os anos subsequentes.

Esse múltiplo é um bom indicador de "preço" da ação. Quanto menor o P/L, menor o preço, mas, além da praticidade e da facilidade do seu cálculo, esse índice permite determinar o tempo de espera para recuperar o investimento inicial. Quando se comparam papéis de empresas de um mesmo setor, um P/L mais elevado em relação a uma das companhias indica o otimismo do mercado em relação ao seu desempenho.

Não se deve, no entanto, comprar uma ação só porque seu preço está "baixo". É bom verificar se houve alguma anormalidade no lucro do último ano, bem como a expectativa de lucro para o próximo exercício, a fim de se definir se a relação entre os dois indicadores – preço e lucro – se manterá ou não. Uma das principais desvantagens do uso desse múltiplo é o fato de recorrer ao lucro contábil, desconsiderando-se o valor do dinheiro no tempo, além da ideia implícita de eficiência de mercado. Os múltiplos não têm significado quando o lucro é negativo e quando a volatilidade dos lucros (como em uma empresa cíclica) altera drasticamente seu valor de um período para outro.

As empresas com índices P/L menores do que a expectativa da taxa de crescimento são consideradas subvalorizadas. Entretanto, o baixo preço deve ser confirmado através dos índices fundamentalistas, verificando-se o potencial de valorização ou se o papel perdeu a atratividade no mercado. Em contrapartida, uma alta relação P/L indica a expectativa de crescimento dos benefícios gerados pela empresa (Damodaran, 2009a). No exemplo a seguir, pode-se identificar que, pelo índice P/L, a empresa alterou de cinco para 21 anos o retorno do capital investido. É necessário avaliar a expectativa de crescimento através dos projetos de investimentos, informações que podem ser obtidas no site da empresa e nos relatórios anuais aos acionistas.

Vale				Bovespa
Informações Gerais				
Nome	Vale			
Código	VALE5			
Setor	Mineração de metais			
Principal Acionista	Valepar S.A.			
% Ações Possuídas	32,4			
	12/2009	12/2010	12/2011	12/2012
Valor de Mercado	243.204	275.006	197.946	215.110
Balanço - R$ M	12/2009	12/2010	12/2011	12/2012
Lucro Líquido	10.249	30.070	37.814	9.734
Indicador de Mercado	12/2009	12/2010	12/2011	12/2012
Preço/Lucro x	21,46	8,46	5,20	21,52

Fonte: Site da consultoria Economatica (www.economatica.com/).

A *taxa de retorno* é calculada pela divisão do lucro pelo preço (inverso do preço/lucro) multiplicado por 100. Representa o retorno obtido anualmente. Por exemplo, se o preço/lucro de uma empresa é de cinco anos, isso significa que ela terá uma taxa de retorno de 20% ao ano, o que indica que o acionista vai recuperar seu investimento em cinco anos.

O *preço por valor patrimonial* (P/VP) é calculado pela divisão do preço da ação no mercado pelo valor patrimonial da ação, indicando quantitativamente o ágio ou deságio que o mercado está disposto a pagar pela ação. O valor patrimonial da ação é obtido pela divisão do patrimônio líquido pela quantidade de ações da empresa. Se as ações são negociadas acima de seu valor patrimonial, o índice P/VP será maior que 1, o que quer dizer que o mercado acredita nas perspectivas da empresa e os investidores aceitam pagar mais do que a ação teoricamente valeria. Porém, um valor muito elevado pode representar uma valorização especulativa sem respaldo nos fundamentos da companhia.

Caso a ação seja negociada abaixo de seu valor contábil, o índice será menor do que 1, o que significa que o mercado só aceita pagar por ela menos do que seu valor real, refletindo uma possível perda de performance ou a existência de fatores externos que podem prejudicar suas operações. No caso de uma crise, o choque no preço dessas ações é especialmente desastroso para o investidor.

No exemplo a seguir, a empresa apresenta um índice menor do que 1 no último ano, possivelmente refletindo a incerteza do retorno dos elevados investimentos na área do pré-sal, com longo prazo de maturação.

Petrobras				Bovespa
Informações Gerais				
Nome	Petrobras			
Código	PETR4			
Setor	Extração de petróleo e gás			
Principal Acionista	União Federal (Tesouro Nacional)			
% Ações Possuídas	29,5			
	12/2009	12/2010	12/2011	12/2012
Valor de Mercado	347.085	380.247	291.564	254.852
Balanço - R$ M	**12/2009**	**12/2010**	**12/2011**	**12/2012**
Patrimônio Líquido	159.465	306.765	329.839	343.080
Indicador de Mercado	**12/2009**	**12/2010**	**12/2011**	**12/2012**
Preço/Valor Patrimonial	2,02	1,16	0,85	0,74

Fonte: Site da consultoria Economatica (www.economatica.com/).

Como vantagens, o índice P/VP exibe uma medida relativamente estável e intuitiva de valor que permite comparar empresas semelhantes, além de possibilitar a avaliação de empresas com resultados negativos e de empresas que não pagam dividendos (Damodaran, 2009a). As desvantagens referem-se à diversidade dos padrões contábeis adotados e ao fato de esse índice não poder ser medido quando o patrimônio líquido é negativo. Em empresas de serviço, onde o principal ativo é o capital intelectual, o valor contábil pode não ser o melhor indicador.

O múltiplo *dividend yield* (DY) expressa, em percentual, quanto do valor de mercado da ação está sendo distribuído aos acionistas na forma de dividendo. É calculado através da soma de todo rendimento gerado por uma ação (onde se incluem pagamento de dividendos, juros sobre o capital próprio e bonificação em dinheiro), dividido pela cotação da ação; o resultado é multiplicado por 100. Quanto maior, significará que a empresa obtém bons resultados e adota uma política de distribuição de lucro representativa em relação ao preço da ação. Entretanto, as ações com DY baixo e bem cotadas são de empresas que geralmente reinvestem nas operações grandes parcelas de seus resultados com impacto na cotação no futuro.

É um dos múltiplos mais adotados pelos investidores que compram ações com foco no pagamento de dividendos. Empresas que mantêm um elevado DY apresentam papéis mais estáveis, com menor volatilidade. A maior parte dos retornos é feita mediante o pagamento de dividendos e não pela valorização da ação, o que normalmente é característica de empresas em estágio mais maduro que não estão investindo fortemente em expansão.

No exemplo a seguir, a empresa Cia Hering apresenta em 2012 um *dividend yield* de 3,6%. Mantendo-se a mesma distribuição, o investidor receberá o equivalente a 3,6% do seu valor, hoje, como retorno do investimento, mantendo-se as políticas passadas para a distribuição de dividendos apesar da valorização da ação. No segundo exemplo, vê-se que a Apple Computer adotou uma política de não pagamento de dividendos, até 2011, para concentrar os investimentos em inovação, que geraram uma elevada valorização do preço da ação.

Cia Hering				Bovespa
Informações Gerais				
Nome	Cia Hering			
Código	HGTX3			
Setor	Indústria de roupas de malha			
Principal Acionista	Invest Particip Inpasa S/A			
% Ações Possuídas	9,0			
	2009	2010	2011	2012
Taxa de Retorno %	287,2%	183,2%	22,3%	33,6%
Situação Financeira	12/2009	12/2010	12/2011	12/2012
Dividendo Pago por Ação	0,20422	0,46816	0,56000	1,51000
Dividend Yield %	2,1%	1,7%	1,7%	3,6%

Fonte: Site da consultoria Economatica (www.economatica.com/).

Apple Computer				NASDAQ
Informações Gerais				
Nome	Apple Computer			
Código	AAPL			
Setor	Indústria de computadores e periféricos			
Principal Acionista				
% Ações Possuídas				
	2009	2010	2011	2012
Taxa de Retorno %	146,9%	53,1%	25,6%	-18,3%
Situação Financeira	12/2010	09/2011	12/2011	12/2012
Dividendo Pago por Ação	0,00	0,00	0,00	5,30
Dividend Yield %	0%	0%	0%	1%

Fonte: Site da consultoria Economatica (www.economatica.com/).

Um ponto a ser destacado refere-se à legislação brasileira, que exige a distribuição mínima de 25% dos lucros na forma de dividendos entre os sócios e acionistas preferenciais, o que pode dificultar a comparação com empresas de outros países. O múltiplo DY indica as variáveis que formam o valor da empresa, ou seja, o fluxo de caixa para o acionista. Entretanto, possui restrições, visto que, por uma mudança na política de dividendos, pode alterar equivocadamente o valor de uma empresa.

Tipos	Índice	Cálculo	Conceito
Liquidez e atividade operacional	Liquidez corrente	$\dfrac{\text{Ativo circulante}}{\text{Passivo circulante}}$	Representa a capacidade de pagamento das obrigações de curto prazo. >1 significa que existem recursos para saldar as dívidas de curto prazo.
	Produtividade do ativo	$\dfrac{\text{Receitas de vendas de bens/serviços}}{\text{Ativo total}}$	Representa a capacidade de gerar receita a partir dos investimentos em ativos. Quanto maior a receita das operações em relação ao investimento em ativos, melhor o desempenho da empresa.
Estrutura patrimonial	Endividamento geral	$\dfrac{\text{Passivo circulante + Não circulante}}{\text{Ativo total}} \times 100$	Representa a participação dos recursos financiados por terceiros na operação da empresa.
	Alavancagem financeira	$\dfrac{\text{Ativo total}}{\text{Patrimônio líquido}}$	Representa o uso de recursos de terceiros no financiamento das operações da empresa. O índice >1 significa que será maior a alavancagem financeira, ou seja, maior a dependência dos recursos de terceiros. =1 indica que a empresa é não alavancada.
Rentabilidade	Margem bruta	$\dfrac{\text{Lucro bruto}}{\text{Receita líquida operacional}} \times 100$	Representa quanto, de cada real vendido, permaneceu na empresa na forma de lucro bruto.
	Margem líquida	$\dfrac{\text{Lucro líquido}}{\text{Receita líquida operacional}} \times 100$	Representa quanto, de cada real vendido, permaneceu na empresa após todos os desembolsos necessários à operação. Quando a empresa apresenta um resultado líquido negativo, a margem líquida será negativa.

Continua

Tipos	Índice	Cálculo	Conceito
Rentabilidade	Rentabilidade do ativo	Giro do ativo x Margem líquida	Representa o retorno obtido com os investimentos em ativos. Inversamente, indica o número de anos para recuperar o capital investido.
	Rentabilidade sobre patrimônio	$\dfrac{\text{Lucro líquido}}{\text{Patrimônio líquido}} \times 100$	Representa o retorno dos acionistas obtido com os investimentos em ativos. Inversamente, indica o número de anos para recuperar o capital investido pelos acionistas.
Indicadores de mercado	Preço/lucro (P/L)	$\dfrac{\text{Preço da ação}}{\text{Lucro por ação}}$	Representa o número de anos necessários para o retorno do capital investido.
	Preço por valor patrimonial (P/VP)	$\dfrac{\text{Preço da ação}}{\text{Valor patrimonial da ação}}$	Representa quanto a ação está cotada em relação a seu valor patrimonial. Quanto menor o indicador, mais subavaliada está a ação.
	Dividend yield (DY)	$\dfrac{\text{Total de rendimentos da ação}}{\text{Cotação da ação}} \times 100$	Representa quanto do valor de mercado da ação está sendo distribuído aos acionistas na forma de dividendo.

Capítulo 3

Fundamentos da análise técnica

"O que aconteceu ontem pode determinar o que acontecerá hoje, e a configuração gráfica dos preços tende a se relacionar com a direção que eles tomarão no futuro."

Charles Dow, em Cavalcante (2009)

Análise técnica

A análise técnica estuda as variações ocorridas nos preços e nos volumes negociados de um ativo financeiro. Seu objetivo é prever o comportamento futuro dos preços. Os principais instrumentos utilizados na escola técnica são os gráficos. Eles refletem a tendência do mercado em relação à ação em análise, representando um movimento ascendente ou descendente de seu preço, tendo em vista auxiliar a descobrir o melhor momento de compra e venda de ativos financeiros.

Por intermédio dos gráficos pode-se avaliar o comportamento do mercado e a participação do volume de investidores que influenciam a formação do preço. Sendo assim, mudanças no comportamento dos investidores são monitoradas para a tomada de decisão. Alguns analistas chegam mesmo a estudar a psicologia das massas, tomando por base as novas teorias de finanças comportamentais.

Segundo Debastiani (2008), existem dois métodos de análise técnica: a análise empírica, que é a observação de fatos que denotam certo grau de confiabilidade devido a seu comportamento repetitivo no mercado; e a análise estatística, mais recente, que utiliza modelos matemáticos e estatísticos sobre a evolução de preços e volumes de negócios ao longo do tempo. A principal diferença entre os dois métodos é que na análise empírica utiliza-se gráfico de preços/gráfico de barras e o desenho de linha sobre tais gráficos; já na análise estatística, os vários tipos de gráfico podem ou não ser combinados com os gráficos de preço.

Em qualquer dos métodos de análise técnica, é importante obter o histórico de preços praticados pelo mercado para a ação escolhida. Ele pode ser obtido nos sites das bolsas de valores, que trazem as cotações diárias de todas as ações negociadas. Períodos de tempo muito curtos podem apresentar resultados distorcidos, pois o cálculo das equações dos indicadores utiliza extensas sequências de dados. Qualquer período de tempo pode ser analisado, mas, para operações no *intraday*, recomenda-se a análise do gráfico *intraday* do dia anterior; e para uma carteira de médio ou longo prazo, como seis meses ou um ano, devem ser utilizados gráficos dos últimos seis meses, pelo menos.

O preço da ação, em determinado intervalo de tempo, pode ser mensurado em cinco momentos do mercado: abertura, fechamento, máximo, mínimo e médio. O preço médio é determinado pelo valor financeiro das negociações dividido pela quantidade de negócios no período em análise, não sendo necessariamente o preço em uma das negociações. O preço de fechamento é o valor no qual foi fechado o último negócio no período de tempo em análise; é o mais utilizado nos métodos de análise técnica.

Chega-se ao volume negociado a partir da soma do valor financeiro, apresentado em milhares ou milhões, ou sob a forma de quantidade de negócios das operações no pregão para um determinado ativo. O indicador pode ser utilizado como complemento na determinação de força ou relevância do ativo.

O investidor pode adotar a análise técnica tanto na negociação de ações no mercado à vista quanto nas negociações de mercados futuros ou no mercado de opções. No caso de mercados futuros, entretanto, os padrões gráficos observados para o mercado e para as ações são mais completos do que no mercado à vista.

Em resumo, os principais objetivos da escola técnica, segundo Cavalcante (2009), são: conhecer e mensurar a lei de oferta e procura, identificar oportunidades de operações atraentes, otimizar ingressos e saídas do mercado, determinar limites de oscilação nos preços e estabelecer estratégia de risco.

Tipos de gráfico da análise técnica

Os gráficos da análise técnica são formados com base nos dois elementos principais – preço e volume negociado –, mapeados ao longo da linha do tempo em determinado período. A regra geral de formatação é que a linha do tempo seja apresentada sempre na horizontal, identificando-se, em uma escala abaixo do gráfico, os pregões, o mais antigo na borda esquerda e o mais recente à direita. Na vertical é representada a escala de preço, que evolui para cima, ou seja, com o menor preço na borda inferior e o maior, na superior.

Os principais tipos de gráfico adotados na análise técnica para avaliar tendências de preços ou retornos de ações em uma série, a natureza cíclica e as oscilações são: barras, Candlestick, linhas, colunas e histograma.

Gráfico de barras

Os preços praticados no mercado em determinado período são representados na forma de barras, correspondendo a um dia de pregão. O preço de abertura é indicado por um traço no lado esquerdo da barra e o de fechamento, por um traço no lado direito da barra.

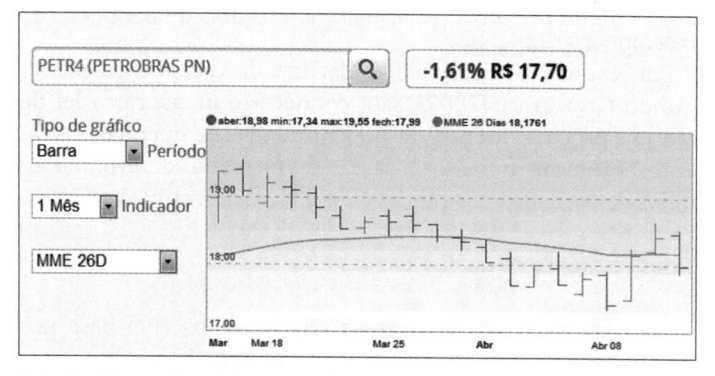

Fonte: Site Infomoney (www.infomoney.com.br). Acesso em: abr. 2013.

Gráfico de Candlestick

Criada no Japão, essa técnica de análise apresenta os preços praticados no pregão por barras: um corpo de barra mais largo indica o preço de abertura e de fechamento; um traço fino, a distância entre os preços máximos e mínimos. Essas barras são chamadas *candles* por terem aparência de vela. Esse gráfico possui metodologia própria de análise, por meio de figuras gráficas formadas por um ou mais *candles* que identificam padrões que determinam pontos de reversão ou de manutenção de tendência.

São utilizadas cores na parte mais larga da barra, representando o espaço entre a abertura e o fechamento do pregão. Originalmente, em um pregão em que o preço de fechamento era mais alto do que a abertura, o corpo era representado na cor branca. Já em um pregão em que o preço de fechamento era mais baixo que o de abertura, indicando um dia de baixa, o corpo era representado na cor preta. Atualmente são adotadas as seguintes cores: vermelha para os dias de baixa; verde ou azul para os de alta.

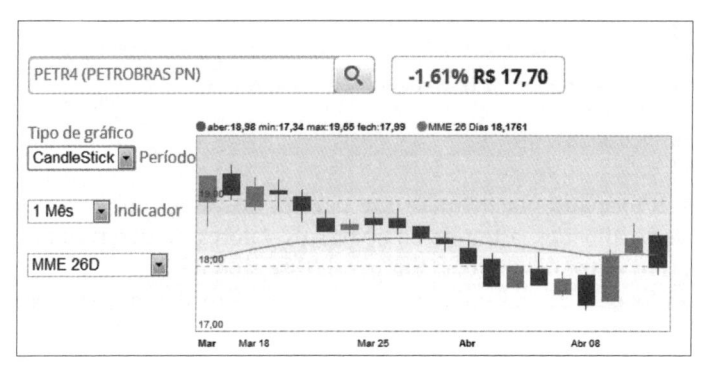

Fonte: Site Infomoney (www.infomoney.com.br). Acesso em: abr. 2013.

Gráfico de linhas

Nesse gráfico marcam-se os pontos para cada pregão, que, unidos de forma adjacente, formam uma linha ao longo da escala horizontal, subindo ou descendo, conforme as oscilações dos valores negociados. O padrão é usar o preço de fechamento para a criação do gráfico.

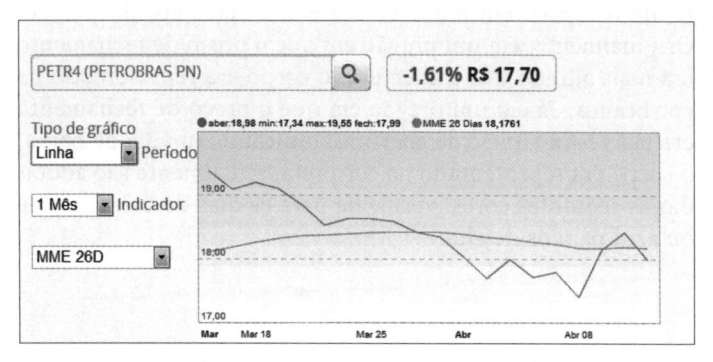

Fonte: Site Infomoney (www.infomoney.com.br). Acesso em: abr. 2013.

Gráfico de colunas

É formado por colunas que partem do valor zero e sobem verticalmente, a fim de comparar os valores de determinado ativo entre os pregões. Em geral, esse tipo de gráfico é utilizado para representar o volume financeiro das negociações no pregão.

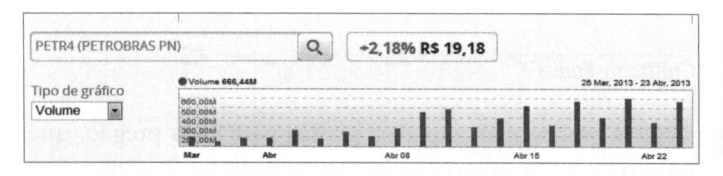

Fonte: Site Infomoney (www.infomoney.com.br). Acesso em: abr. 2013.

Histograma

Tem como objetivo indicar a amplitude dos valores positivos e negativos a partir do valor zero, que está na metade da escala vertical. Quando o valor é positivo, estende sua representação para cima; quando o valor é negativo, estende-a para baixo.

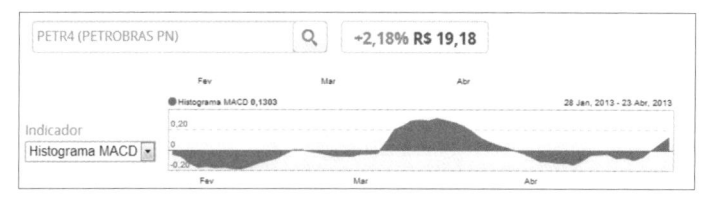

Fonte: Site Infomoney (www.infomoney.com.br). Acesso em: abr. 2013.

Tendências de mercado

No final do século XIX, o comportamento de massa foi observado por Charles Dow, editor do *The Wall Street Journal*. Sua teoria foi fundamentada na divulgação de uma série de estudos gráficos de preços e volumes passados, com o objetivo de prever as tendências do mercado. O próprio Charles Dow calculava e divulgava o movimento de preços nas médias Dow Jones (industrial e de transporte), para identificar as forças de oferta e procura no mercado de ações e orientar a decisão de compra e venda para o investidor. Através de sua análise, ele apontou quatro etapas na formação dos preços das ações que se repetem e estão resumidas na tabela a seguir.

Acumulação
Investidores bem-informados começam a acumular ações discretamente, com pequenos impactos no preço.

Subida sensível
Novos compradores informados aderem ao mercado, elevando o preço da ação.

Distribuição
Ação desperta o interesse da massa com níveis recordes de negociação, e os acumuladores abastecem a massa.

Liquidação
Pânico - A massa descobre que pagou caro e procura vender a ação.

Fonte: Elaborado pelos autores com base em Cavalcante (2009).

Segundo Abe (2009), a teoria de Dow pode ser sintetizada em seis princípios, que são a base da escola técnica: os preços descontam tudo; o mercado tem três tendências; a tendência primária tem três fases; o volume deve confirmar a tendência; a tendência precisa ser confirmada por dois índices; e uma tendência é válida até que o mercado indique um sinal definitivo de reversão.

As informações relevantes sobre um ativo, como as financeiras, acrescidas dos fatores econômicos e políticos, já estão incorporadas nos preços das ações. Mesmo catástrofes que não podem ser antecipadas rapidamente levam a reajustes de preços para que estes se adequem à nova realidade. As expectativas positivas ou negativas serão descontadas nos preços das ações, ou seja, o mercado desconta tudo.

Na análise técnica dá-se o nome de tendência ao movimento principal apresentado pelo preço de uma ação em determinado período, uma vez que os preços se movimentam em trajetórias de alta e baixa constantemente, acompanhando a evolução das operações realizadas ao longo do tempo no mercado. Entretanto, apesar desse comportamento instável, um olhar mais distanciado do gráfico, ou seja, por um período mais longo de tempo, permite identificar a existência de uma tendência primária na direção que os preços da ação estão seguindo.

Na análise do mercado as tendências são muito importantes porque projetam o futuro próximo do ativo, uma vez que a tendência estabelecida tende a manter-se até que algum fato relevante a modifique. Para compor a análise pode-se associar a tendência ao volume negociado, que indica ao investidor seu prolongamento ou esgotamento em determinado período.

Os princípios básicos da análise gráfica, apresentados a seguir, foram definidos a partir das quatro etapas na formação de preços observadas por Dow e justificados pela velocidade de difusão das informações.

- Primária - A tendência primária é caracterizada pelo longo prazo na análise técnica. É a que melhor identifica a tendência principal da ação no mercado. Pode durar um ano ou mais.
- Secundária - A tendência secundária pode indicar uma correção da tendência primária; e, eventualmente, uma reversão. Pode durar de três semanas a alguns meses.
- Terciária - A tendência terciária identifica as flutuações de curto prazo, que podem ser um sinal, ou não, no desdobramento das tendências anteriores. Pode durar cerca de alguns dias ou semanas.

De acordo com Abe (2009), o mercado poderia ser representado pelo movimento das ondas do mar: "A tendência primária seria a maré, a secundária seriam as ondas e a terciária, as marolas, com todos os movimentos acontecendo simultaneamente".

Na análise dos gráficos podemos observar a ocorrência de topos e fundos, que se caracterizam como pontos extremos dos movimentos de alta e baixa. O topo é determinado pela cotação máxima em que foi realizada a operação em certo período de análise. De forma inversa, um fundo é determinado pela cotação mínima, ou seja, a apresentada em um dia em que a cotação mínima ficou abaixo dos demais dias do período. Embora os preços de uma ação negociada apresentem oscilações, tendem a retornar a uma faixa de valor que indica o consenso ponderado entre os investidores sobre o que seria o preço justo daquela ação. Tal consenso vai se alterando com o tempo, como o movimento das ondas, subindo e descendo, conforme o interesse dos investidores pelo ativo.

Suporte e resistência

Na análise técnica, os conceitos de suporte e resistência são fundamentais. Suportes são os fundos, ou extremos inferiores dos preços nos gráficos, a partir dos quais os preços começam a subir, refletindo uma maior força dos compradores em relação aos vendedores, o que pode levar a reverter um movimento de baixa. A resistência é visualizada pelos extremos superiores de preços nos gráficos, a partir dos quais aqueles começam a cair, refletindo o momento em que a pressão vendedora supera a compradora e revertendo o movimento de alta. Visualmente, os suportes e as resistências são linhas horizontais traçadas sobre os gráficos, visando antecipar uma tendência. Os momentos de reversão são importantes para prever posições futuras e auferir ganhos.

Os analistas técnicos divergem no traçado das linhas de suporte e resistência, uma vez que seus pontos não são exatos, e sim zonas de preços. O traçado pode partir de pontos extremos das barras de preços ou dos preços de fechamento ou das zonas de congestionamento. A aplicação desses conceitos e a experiência no traçado das linhas de suporte e resistência podem garantir excelente lucratividade nos mercados.

Fonte: Site Bloomberg (www.bloomberg.com). Acesso em: abr. 2013.

Gaps

O termo *gap* determina o intervalo de preços em que não ocorreram negociações de um ativo. O *gap*, que pode ser de alta ou de baixa, aparece em gráficos de barras ou em *Can-*

dlestick. Um *gap* de alta será observado entre a máxima de um período e a mínima do seguinte; e um de baixa, no movimento inverso, estando associado a notícias extremamente boas ou ruins com relação ao ativo ou a setores da economia.

Sucessivos *gaps* em dias consecutivos, se forem de alta, podem indicar euforia; se forem de baixa, um grande pessimismo dominando os negócios. Entretanto, se as barras forem mais alongadas nesses dias, a sucessão de *gaps* pode representar uma exaustão da tendência, com probabilidade de reversão na pressão dominante.

Candlestick

Os principais tipos de gráfico adotados na análise técnica foram apresentados anteriormente, mas os gráficos de *Candlestick* representam uma técnica única de operação. Essa técnica gráfica foi utilizada nas antigas bolsas de arroz em Osaka, no Japão, no século XVIII, mas só no início da década de 1980 começou a ser empregada no mercado americano, tornando comuns os termos em inglês que envolvem o uso dessa ferramenta. Atualmente, ela é bastante difundida no mercado de ações de Nova York, mas é rara a sua adoção no Brasil.

A maior vantagem dessa técnica é a sua capacidade de indicar sinais de reversão para o investidor antecipar o comportamento do mercado e determinar o melhor momento de entrada ou saída, com maior lucratividade nas operações. Por meio dessa técnica, é possível ainda visualizar os quatro preços praticados no mercado (diferentemente do gráfico de linhas, que apresenta apenas um preço): abertura, fechamento, máximo e mínimo. Tal ferramenta, quando bem interpretada, pode captar até mesmo os aspectos psicológicos que influenciam os movimentos de preço.

Os intervalos de tempo para estudo podem ser de um dia,

de uma semana ou de períodos dentro de um dia. A escolha eficiente do intervalo dependerá do mercado ou do grau de volatilidade do ativo. Para confirmar ou não um determinado padrão, é aconselhável associar o volume negociado aos padrões identificados no pregão.

Existem centenas de padrões de *candles* na terminologia original japonesa que podem ser formados por figuras de um único *candle* ou compostos por vários *candles*. O seu corpo na cor branca representa um dia de alta, e a cor preta, um dia de baixa, se o preço de fechamento for mais baixo que o de abertura.

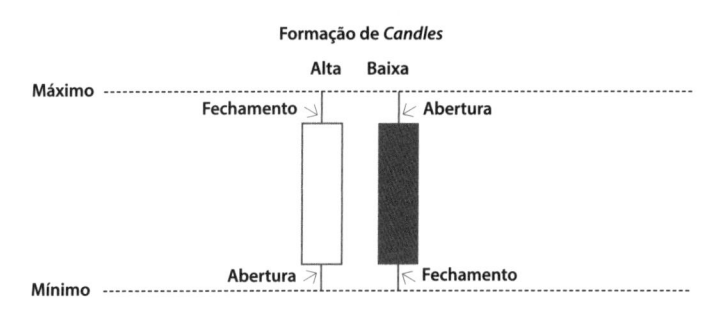

Formação de *Candles*

```
              Alta    Baixa
Máximo ----------------------------------
           Fechamento ↘  ↙ Abertura
                    │ │  │█│
                    │ │  │█│
                    │ │  │█│
           Abertura ↗  ↖ Fechamento
Mínimo  ----------------------------------
```

Fonte: Criado pelos autores com base em Debastiani (2008).

Os principais padrões são apresentados no quadro a seguir. O mais importante para o investidor não é decorá-los, e sim entender as forças e as reações que representam, identificando as pequenas variações desses padrões e seu posicionamento no todo da figura gráfica, associando-as ainda a fatores externos, como os sociais e os econômicos.

Figuras Padrão		
1. Dias Longos	Forte movimento de preços. ■ Predomínio de vendedores □ Predomínio de compradores	
2. Marubozu (careca)	Forte movimento de preços sem sombras. Continuidade dos predomínios. ■ Predomínio de vendedores □ Predomínio de compradores	
3. Dias curtos	Neutralidade dos preços (abertura, máximo, mínimo) tem movimento significativo => equilíbrio entre compradores e vendedores.	
4. Doji	Doji é considerado um padrão de equilíbrio ou de indecisão do mercado. Poucos negócios, pequenas oscilações de preços. Pode anteceder importantes reversões.	máximo abertura / fechamento mínimo
4.1 Estrela (Star)	Sombra superior e inferior na mesma proporção	
4.2 Libélula (Dragonfly)	Apenas uma sombra inferior longa.	
4.3 Lápide (Gravestone)	Apenas uma sombra superior longa.	
Figuras de Reversão		
5. Martelo (Hammer)	Pequeno corpo real em uma tendência de baixa. A cor do corpo é indiferente. A sombra inferior é duas ou três vezes maior que o corpo. A sombra superior é inexistente ou muito pequena. **Reversão da tendência de baixa. Oscilações de preço com poucos negócios.**	

Continua

	Figuras de Reversão	
6. Estrela cadente (Shooting star)	Um pequeno corpo real no final de uma tendência de alta. A cor do corpo é indiferente. A sombra superior deve ser duas ou três vezes maior que o corpo. A sombra inferior é inexistente ou muito pequena. **Reversão da tendêncida de alta. Oscilações de preços com poucos negócios.**	
7. Engolfo de alta ou baixa	Composto por dois candles. Corpo real envolve corpo real anterior. Corpos reais com cores alternadas. A sombra superior é inexistente ou muito pequena. Antecipação de reversão de tendência. **Oscilações de preços com muitos negócios.**	
8. Mulher grávida (Harami)	Composto por dois candles. Corpo real envolvido pelo corpo real anterior. Corpos reais envolvidos por cor indiferente. Corpos com sombra inferior e superior pequenas. **Pode significar uma nova tendência. 2 candles – estabilidade de preços.**	
9. Bebê abandonado Alta ou baixa (Abandoned baby)	Uma estrela no final de uma tendência. Um gap antes e depois da estrela (ilha de reversão). Inversão da tendência principal. **Oportunidade de compra ou venda. Pouca oscilação de preços.**	

Fonte: Elaborado pelos autores com base em Matsura (2006).

Ferramentas auxiliares de análise técnica

Bollinger Bands

Na década de 1980, o matemático Anthony Warren criou um indicador baseado na média móvel dos preços de fechamento do ativo, traçando um canal composto de duas bandas que corriam acima e abaixo dessa média móvel. O intervalo entre a média móvel e as bandas é determinado pelo desvio padrão da diferença entre o preço de fechamento e o valor da média móvel. O indicador foi aprimorado, recebendo contribuições de outros estudiosos, e disseminou-se após o analista de mercado John Bollinger adotar a técnica em suas análises, o que fez com que seu nome se associasse ao indicador.

Entre os analistas, a Banda de Bollinger (*Bollinger Band*) é um dos indicadores mais populares para a análise técnica. É formada por três curvas desenhadas em relação ao preço dos ativos, sobrepostas a um gráfico de barras ou de *Candlestick*. A banda intermediária é uma média móvel comum de 21 dias que funciona como a base das demais bandas, que ficam posicionadas acima e abaixo da média móvel. Esta expressa a normalidade momentânea do mercado e a intensa oscilação dos preços de determinado ativo em direções extremas de alta ou de baixa, ultrapassando uma das bandas por um tempo e retornando para dentro dela, uma vez que os preços tendem à normalidade.

Por meio de suas análises, John Bollinger constatou que, em média, 87% dos preços se mantinham entre as bandas superior e inferior. E que, sendo assim, as indicações da Banda de Bollinger podiam ser adotadas como precificadores para as ações. Quando as cotações se aproximam da banda superior, isso significa que o ativo está caro e que é um bom momento para a venda. Em contrapartida, se os preços tocam a banda inferior, isso quer dizer que a ação está barata e que, de acordo com os investidores do mercado, é um bom momento para a compra.

Este é um dos poucos indicadores que representam o grau de volatilidade a que o ativo está exposto. Entretanto, realizar uma análise simplista, principalmente em tendências de maior força, quando os preços ultrapassam as bandas superior e inferior, por um período maior, pode implicar perda de performance. O indicado é complementar a avaliação com mais de um método, como o *Candlesticks* e o IFR.

IFR

O Índice de Força Relativa, em inglês *Relative Strength Index* (RSI), foi criado por J. Welles Wilder na década de 1970. Indica a composição das forças de compra e venda no mercado, por intermédio de uma escala percentual que vai de 0 a 100%. É representado em um gráfico de linhas em um determinado período de tempo, sendo fixadas duas linhas horizontais de referência, normalmente posicionadas sobre as escalas de 20% e 80% do eixo.

As linhas representam a trajetória entre as zonas de sobrevenda e sobrecompra, subindo ou descendo, conforme o comportamento dos preços. Quando a linha caminha para o limite superior (100%), nota-se que as forças compradoras são maiores. Então, as oscilações acima dos 80 pontos indicam que o mercado está sobrecomprado; já as oscilações abaixo dos 20 pontos mostram que o mercado está sobrevendido, ficando suscetível a uma reversão de tendência.

Entretanto, se a linha do IFR apresentar um movimento acelerado dos preços, tanto nos movimentos de alta quanto nos de baixa, ultrapassando os respectivos limites, isso pode indicar um falso sinal. Como as linhas do IFR representam uma média que geralmente descreve trajetórias mais lentas e compassadas, sem mudanças bruscas, muitas vezes a reversão ocorre antes mesmo de as regiões limites serem atingidas. Nesse caso, é indicado utilizar outros indicadores, como *Candlesticks*, para confirmar que o ativo atingiu uma posição de sobrecompra ou sobrevenda.

No mercado, analistas também fixam os limites nas marcas de 70 e 30 pontos. Tais níveis variam significativamente de um ativo a outro, ou mesmo de um período a outro, no mesmo ativo. O mais adequado é estabelecer limites específicos para cada ativo, traçando as linhas dos topos e dos fundos, com base no comportamento observado nos últimos seis meses após contínuos ajustes trimestrais.

Quando o ativo atingir a região de sobrecompra ou sobrevenda, é preciso confirmar a reversão da tendência através do volume negociado. Quando o volume for crescente e não houver uma queda significativa dos preços, isso pode indicar que os preços ainda manterão sua trajetória por mais algum tempo. Na redução significativa do volume das operações, o sinal de sobrecompra ou de sobrevenda pode ser confirmado.

Um ativo sobrecomprado, reflexo de um volume de compras excessivo, que eleva os preços e passa a ser considerado muito caro, pode causar uma redução na demanda de compra, refletindo no volume financeiro negociado. De forma inversa, quando o ativo estiver sobrevendido, o número de investidores interessados em vendê-lo diminuirá, com redução no volume de negócios.

Moving Average Convergence and Divergence (MACD)

Entre os diversos indicadores estatísticos utilizados, há o MACD, ou *Moving Average Convergence and Divergence*, que significa convergência e divergência de médias móveis. É um dos mais eficazes para a análise da reversão de tendência, facilitando a tomada de decisão quanto ao momento ideal de entrar ou sair do mercado, já que possibilita a identificação visual do ativo "comprado" ou "vendido".

É traçado através de um gráfico de linhas composto por linhas principais e secundárias. A linha principal é o MACD, calculada pela diferença de duas médias móveis exponenciais, a mais curta e a mais longa, determinada pelo investidor de acordo com seus objetivos. Uma recomendação é usar para a média mais curta a metade dos períodos utilizados na média mais longa. Em contraste com a linha do MACD, a secundária, denominada Sinal, pode ser representada por uma linha pontilhada ou tracejada na cor vermelha, sendo recomendado utilizar um terço dos períodos em relação à média mais longa.

No gráfico, um traço horizontal é o divisor que marca a posição zero do eixo vertical, indicando valores positivos acima do traço central e valores negativos abaixo, representando uma divisão entre os compradores e os vendedores do mercado. Ao longo do tempo, a linha MACD percorre uma trajetória sinuosa entre a área negativa e a positiva do gráfico. Na ocorrência de uma média mais curta maior do que o valor da média mais longa, o resultado será positivo e o ponto do MACD estará posicionado, no gráfico, acima da linha zero.

Quando as linhas MACD estão abaixo da linha zero, ocorrem os melhores momentos para compra e vice-versa. Por exemplo, os melhores sinais de compra surgem quando os preços do ativo estão bem abaixo da área vendida. Quando as linhas MACD e Sinal estiverem apontando para cima, o ativo estará em tendência de alta; e vice-versa.

Para reduzir a quantidade de gráficos, pode-se usar o histograma do MACD, sobrepondo-o no mesmo gráfico – o histograma por baixo e as linhas MACD e Sinal por cima. O histograma é determinado pela subtração entre os valores do MACD e do Sinal. A reversão do histograma, formado por topos ou fundos, antecipa o sinal das mudanças que estão se processando no mercado.

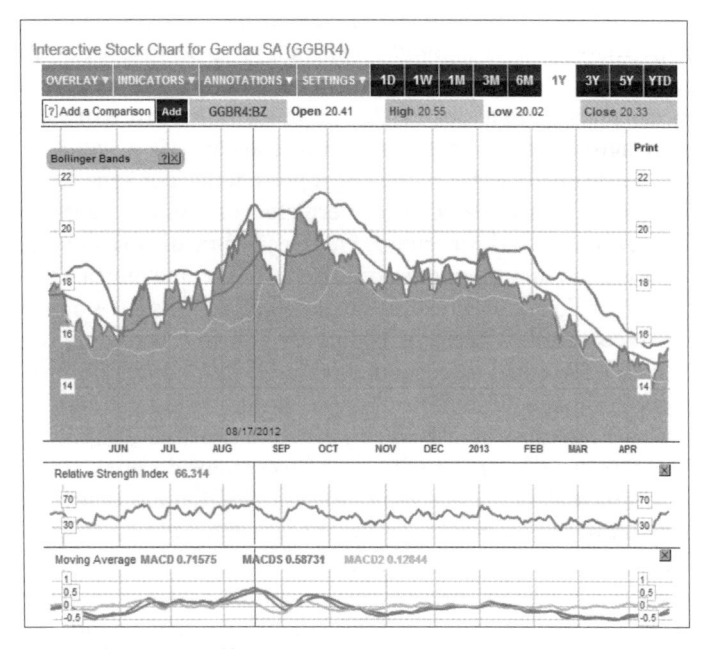

Fonte: Site Bloomberg (www.bloomberg.com). Acesso em: abr. 2013.

Capital Asset Pricing Model (CAPM)

Uma análise importante é medir o risco ao aplicar em uma única ação. Através de uma análise histórica do retorno de uma ação é possível obter indicações e tendências no seu comportamento futuro. O modelo CAPM mede o retorno esperado de um ativo nas decisões de aplicação do capital do acionista. Permite também que qualquer investidor, avesso ao risco, utilize o indicador para, através da diversificação, reduzir o risco dos investimentos. Uma carteira bem diversificada visa equilibrar o impacto dos eventos positivos e negativos.

O modelo considera que o risco de aplicar em uma ação pode ser decomposto em dois riscos: o diversificável e o não diversificável. O risco diversificável ou não sistemático refere-se ao impacto de eventos específicos da empresa, positivos ou negativos, nos preços das ações. Um exemplo é o sucesso no lançamento de um novo produto, ou um lucro acima do esperado, que impactarão positivamente o valor da ação. Uma greve de trabalhadores ou um acidente que interrompa temporariamente uma unidade de produção da empresa trarão impacto negativo no valor da ação.

Já o risco não diversificável ou sistemático está associado a eventos que afetam a economia como um todo e não apenas uma ação. Exemplos são a taxa de crescimento da economia, a taxa de inflação, conflitos e guerras, assim como mudanças políticas e sociais. Como esses fatos abrangem todas as empresas, não podem ser eliminados ou reduzidos pela diversificação da carteira, o que torna esse tipo de risco o mais importante na determinação do retorno exigido de um ativo financeiro.

O risco sistemático de uma ação individual é medido em relação a uma carteira de referência no mercado doméstico de ações, que refletem os fatos que acometem a economia como um todo. A sensibilidade do retorno da ação à variação dos retornos de um índice amplo de mercado é determinada pelo coeficiente Beta.

Coeficiente Beta

Cada ação tem seu próprio coeficiente Beta, que identifica a exposição do ativo aos eventos econômicos em geral. Uma ação com Beta positivo representa um ativo que se movimenta na mesma direção do mercado. Uma ação com Beta igual a 1 indica que a sua volatilidade se comporta na mesma direção do risco do mercado. Valores maiores que 1 indicam que as ações são mais sensíveis a eventos econômicos gerais que o índice de mercado. Uma ação com Beta inferior a 1 indica menos sensibilidade a eventos econômicos gerais que o índice de mercado. Uma ação com Beta negativo representa um ativo que se movimenta na direção oposta ao mercado, considerando a mesma lógica dos valores do índice, apresentada anteriormente, na correlação com o mercado.

Grande parte das empresas financia suas operações com uma combinação de capital de terceiros e capital próprio. O uso do Beta dos ativos, ou Beta não alavancado, é indicado quando a empresa é financiada integralmente com capital próprio, portanto, apenas os proprietários sofrem com o risco do negócio. O Beta não alavancado representa o risco do negócio da empresa. Quando a empresa utiliza capital de terceiros, deve adotar o Beta alavancado, que considera o risco de ambas as fontes de recursos. Na utilização do índice é necessário considerar a proporção entre capital próprio e de terceiro e o respectivo impacto tributário devido ao uso de capital de terceiros nas operações da empresa.

Uma vantagem do uso do CAPM é o fato de este considerar o risco do mercado em sua análise. Como desvantagens é possível destacar que nem sempre o bom desempenho no passado garante um bom desempenho no futuro e que o CAPM tem dificuldade de estabelecer a taxa livre de mercado, o retorno esperado do mercado e o Beta futuro da empresa.

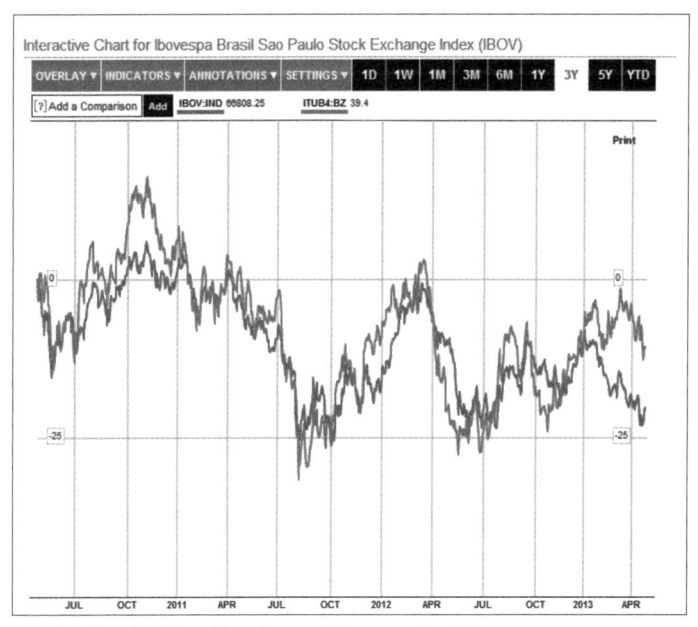

Fonte: Site Bloomberg (www.bloomberg.com). Acesso em: abr. 2013.

Revistas e sites especializados fornecem os coeficientes Beta para as empresas mais importantes do planeta. A consultoria Economatica disponibiliza o Beta dos ativos negociados na Bovespa. A tabela a seguir traz alguns Betas de setores da economia global com base em 5.891 empresas.

Alguns Betas de setores da economia global

Segmento	Número de Empresas	Beta Médio
Automotivo	12	1.59
Bancos	426	0.77
Bebidas	34	0.88
Cigarro	11	0.85
Eletrônicos	139	1.07
Entretenimento	77	1.63
Ferrovias	12	1.44
Gás Natural	29	1.33
Internet	186	1.09
Materiais de Construção	45	1.50
Papel e Celulose	32	1.36
Petróleo (Produção)	176	1.34
Propaganda	31	2.02
Restaurante	63	1.27
Seguros de Vida	30	1.58
Serviços de Telecomunicação	74	0.98
Serviços Educacionais	34	0.83
Serviços Industriais	137	0.93
Siderurgia	32	1.68
Software	184	1.04
Têxtil	148	0.71
Transporte aéreo	36	1.21
TV a Cabo	21	1.37

Fonte: Damodaran Online (www.damodaran.com), na área Updated Data do site. Acesso em: jan. 2012.

Modelo CAPM para o Brasil

Devido à inexistência de séries históricas de retorno do mercado de capitais brasileiro com período adequado, ao baixo volume de negociação dos ativos e a outros problemas de natureza institucional do mercado, fica bastante comprometida a estimativa do prêmio de risco de mercado e dos Betas para ativos a partir de dados nacionais.

Dessa forma, algumas adaptações se fazem necessárias para a correta utilização do importante modelo CAPM no Brasil. Pode ser usada, por exemplo, uma versão modificada do CAPM com o prêmio de risco para o mercado americano em dólares e o Beta para ativos americanos, adicionando-se ao modelo prêmios de risco associados às especificidades do Brasil: o prêmio de risco país e o prêmio de risco cambial.

Capítulo 4

Roteiro para o investidor

"Jamais espere vender algo por um bom preço. Faça com que o seu preço de compra seja tão vantajoso que mesmo uma venda medíocre traga bons resultados."

Warren Buffet (apud Mary Buffet, 2010)

O perfil do investidor

Investidor individual é o agente econômico que possui recursos extras para realizar investimentos em ativos financeiros. Nesse sentido, o primeiro passo é organizar o orçamento e determinar as metas e o prazo para a utilização dos recursos, uma vez que a rentabilidade pode variar com o período da aplicação. No portal de educação financeira da Associação Brasileira das Entidades dos Mercados Financeiro e de Capitais (Anbima - www.comoinvestir.com.br), estão listados alguns passos que pretendem ajudar as pessoas que querem investir.

O segundo passo é identificar o perfil do investidor. Várias instituições financeiras disponibilizam em seus sites questionários que auxiliam a execução dessa tarefa. Analise as oportunidades de investimento, seja consultando especialistas, publicações especializadas e sites com informações financeiras, seja comparando as instituições e a rentabilidade líquida dos produtos financeiros de acordo com as metas estabelecidas. É fundamental considerar os riscos da operação e manter uma reserva monetária para imprevistos.

Resumindo: a decisão de investir está relacionada com o equilíbrio entre as receitas e as despesas e a troca de menos consumo no presente por mais consumo no futuro. O investidor está sempre na expectativa de um resultado positivo ao liquidar a operação, portanto, não delegue as decisões sobre o seu futuro, pois é você quem vai arcar com as consequências.

Qualquer indivíduo que tenha disponibilidade financeira pode efetuar um investimento, e os motivos que levam a tomar essa decisão são variados e impactam na escolha dos ativos. Acumular capital é o objetivo mais comum, normalmente tendo em vista a aquisição de um bem, como uma casa, a realização de uma viagem ou o aperfeiçoamento profissional. Mas administrar os recursos disponíveis para manter o poder de compra, já que dinheiro parado perde valor, também costuma ser motivação para investir, além da necessidade de formar um patrimônio por conta da incerteza com a aposentadoria. Existem ainda razões culturais: desde jovens algumas pessoas aprendem com os mais velhos a acumular recursos e até a especular para buscar melhor resultado financeiro, o que, naturalmente, implica um risco maior para obter um ganho acima dos habituais no mercado.

De acordo com a teoria financeira, a atuação do investidor especulador é importante para a dinâmica do mercado financeiro, pois, comprando diferentes tipos de riscos para chegar a resultados financeiros acima da média e a curto prazo, contribui para a formação de preços das ações, dos ativos financeiros e das *commodities*.

As novas tecnologias de informação e comunicação possibilitaram o surgimento do *Home Broker*, que permite realizar investimentos remotamente, por intermédio de computadores ou dispositivos eletrônicos conectados à internet. Esse canal possui uma grande quantidade de informação à sua disposição e permite decidir de imediato comprar, vender, não comprar e não vender. Embora ainda atinja uma parte pequena de pessoas, os sistemas de *Home Broker* vêm crescendo rapidamente. As ordens enviadas pela internet têm o valor de ordens escritas, mas só são consideradas aceitas quando o sistema da Bovespa, o Mega Bolsa, as acata e retorna uma mensagem de confirmação. O *Home Broker* é debitado das taxas cobradas pelas corretoras e pela bolsa.

Tipos de investimento

Os recursos necessários para uma aplicação provêm da parcela não consumida da renda, à qual se dá o nome de poupança. Em função da capacidade, vontade ou oportunidade de poupar, é possível aplicar os recursos em algo lucrativo visando ao aumento do estoque da riqueza. Todo investidor busca a otimização de três aspectos básicos em um investimento – retorno, prazo e proteção. Ao avaliá-lo, portanto, é preciso estimar sua rentabilidade e liquidez e o seu grau de risco. A rentabilidade está sempre diretamente relacionada ao risco. Ao investidor cabe definir o nível de risco que está disposto a correr, em função de obter maior ou menor lucratividade.

O mercado apresenta diversas opções de investimento que visam desde o investidor mais conservador até o mais agressivo. Ao realizar uma aplicação, o investidor deve decidir, portanto, se o investimento atende a três principais características: *rentabilidade, risco* e *liquidez*.

Principais tipos de investimento e suas características

Investimento	Rentabilidade	Risco	Liquidez
Poupança	Baixa	Baixo	Alta
Renda fixa	Média	Médio	Média
Imóveis	Média	Baixo	Baixa
Ações	Alta	Alto	Alta
Ouro	Média	Baixo	Alta

Fonte: Adaptado pelos autores a partir de Cavalcante (2009).

A poupança é considerada o investimento mais conservador. Em maio de 2012 teve sua rentabilidade nominal alterada pela primeira vez na história: ao invés de 6,17% ao ano, passou para 70% da taxa Selic (no limite de 8,5% ou menos), mais a variação da TR (Taxa de Referência). Em caso de quebra da instituição financeira depositária, um fundo garante investimentos de até R$ 60 mil na poupança. Esse sistema também tem alta liquidez e é possível retirar os recursos aplicados a qualquer momento; entretanto, a remuneração é paga somente após 30 dias de aplicação.

O maior problema da poupança, que é isenta de imposto de renda, é a rentabilidade baixa – só supera os ganhos com ações caso o mercado financeiro esteja muito turbulento. Até mesmo fundos de renda fixa obtêm melhor retorno. É recomendada principalmente a valores e prazos reduzidos, ou a pessoas que não podem correr o risco de perder dinheiro. Cabe salientar que nos últimos anos a rentabilidade tem sido menor que a inflação, o que não garante o poder de compra dos recursos aplicados.

Os títulos de renda fixa, sejam emitidos pelo governo ou pelas empresas, são considerados investimentos mais conservadores por determinarem a remuneração na aplicação. No entanto, têm apresentado taxas bastante baixas, refletindo a recente tendência de queda na taxa Selic e exigindo dos investidores mais planejamento e diversificação.

Os imóveis são procurados, em geral, por quem quer segurança, pois são um ativo real (não suscetível à variação de humor do mercado). A rentabilidade pode vir tanto pela valorização do bem (localização que se torna mais valorizada ao longo do tempo, por exemplo) ou através de arrendamento (aluguel). O risco fica por conta da possibilidade de depreciação do imóvel (incêndio, enchentes, desgaste pelo tempo) e por sua baixa liquidez.

Decisões políticas modificam as condições de estabilidade econômica e mudanças na legislação causam variabilidade nos retornos esperados, já que podem mudar as condições de financiamento do investimento e do capital de giro e a carga fiscal do empreendimento, alterando a renda disponível da população. Em resumo, papéis de renda fixa podem ser um bom investimento de longo prazo, mas é preciso estar atento às projeções para os juros e a inflação, além de ser importante atentar para as condições de tributação do investimento.

Segundo Cavalcante (2009), os principais riscos nas aplicações financeiras são os riscos de mercado, de crédito, legal, individual e soberano. O risco de mercado pode levar, por exemplo, a perdas devido ao ajuste negativo do mercado até o momento da liquidação, à variação adversa do valor dos ativos e ao mau uso de instrumentos financeiros ou diversificação excessiva destes. O risco de crédito decorre da possibilidade do não pagamento do tomador de recursos, do comprador a prazo ou de quem emitiu um título de crédito. O risco legal pode ocorrer por perdas relacionadas a modificações na lei ou na tributação associada às aplicações financeiras, ou ainda por consequência de contratos mal-redigidos ou assinados por pessoas que não representam a instituição legalmente, por pareceres desfavoráveis em julgamentos relacionados a situações contratuais e por informalidade na execução de ordens de compra e venda de investimentos.

Risco individual é aquele aceito pelo investidor após a análise de suas opções de investimento, considerando rentabilidade, liquidez e segurança. E risco soberano é o risco legal ou político que tem relação com a negociação de títulos públicos de um país. Esse tipo de risco é chamado de risco país ou geográfico, quando associado a transações internacionais.

Composição da carteira e retorno dos ativos

Para avaliar a relação entre risco e retorno de um conjunto de investimentos, normalmente chamada de carteira de investimentos, é necessário verificar o balanceamento desta. Um retorno maior normalmente implica maior risco e vice-versa. Várias opções de investimento estão disponíveis no mercado financeiro, cabendo ao investidor selecioná-las, como já dito, considerando os riscos, a rentabilidade e a liquidez de cada uma.

Tomando o exemplo apresentado no quadro a seguir, um investidor que escolher a opção 1 de carteira terá, certamente, uma rentabilidade mais baixa, mas com um risco menor.

Outro, que escolher a opção 2, terá mais riscos, mas, provavelmente, rentabilidade maior.

Investimento	Carteiras 1	2	Rentabilidade	Risco	Liquidez
Poupança	50%	10%	Baixa	Baixo	Alta
Renda fixa	50%	10%	Média	Médio	Média
Ações		80%	Alta	Alto	Alta

Fonte: Elaborado pelos autores.

O investidor com perfil conservador visa à preservação do capital e tem baixa tolerância ao risco, ou um prazo reduzido para a aplicação. O perfil moderado admite correr algum risco, em contrapartida a um retorno diferenciado no médio prazo. O arrojado é o que aceita mais risco e procura maior retorno, como prêmio pelo risco. Um investidor novato deve buscar administrar carteiras não muito complexas no início e investir com prudência.

Um tipo de investidor com grande importância no mercado financeiro e de capitais é o institucional, devido ao elevado volume de recursos. É o caso de fundos de pensão, entidades de previdência privada, fundações de seguridade social, fundos de investimentos, companhias de seguros e capitalização e clubes de investimentos. Essas instituições são conduzidas por um administrador profissional, e as carteiras podem ser feitas por empresas, indivíduos ou departamentos das instituições financeiras.

A melhoria dos indicadores financeiros e econômicos do país aumentou o interesse do investidor estrangeiro, pessoa física ou jurídica domiciliada fora do Brasil. Tal investidor pode investir nos mesmos ativos financeiros que os brasileiros, mas deve contratar uma instituição que atue como seu representante legal e fique responsável por todas as informações de registro, pelos assuntos fiscais e tributários, perante as autoridades locais e custodiantes, pela atualização dos documentos e controle dos ativos financeiros do investidor em contas separadas e, ainda, por fornecer para as autoridades brasileiras as informações solicitadas, quando necessário.

Administração profissional e direta

Um investidor pode gerir seus investimentos diretamente ou contratar um administrador, que oferece administração profissional dos recursos e pode receber um valor fixo por seus serviços ou um valor variável, associado à performance dos investimentos. Administrar diretamente ou ter ajuda profissional apresenta vantagens e desvantagens, indicadas na tabela a seguir. O número de produtos disponível para os administradores diretos costuma ser menor do que o número de produtos disponível para os administradores profissionais.

	Administração profissional	Administração direta
Formação	Profissional com formação acadêmica adequada.	O investidor pode ter formação em área bastante diversa do mercado financeiro.
Especialização	Sua formação e experiência o tornam especializado em investimentos.	Sua formação e experiência geralmente não estão relacionadas à área, não sendo especializado em investimentos.
Acesso à informação e a mercados	O administrador profissional em geral tem informações em tempo real e acesso a todos os mercados, com base na estrutura que possui.	Dependendo dos recursos administrados, o acesso à informação pode ser custoso e o acesso a leilões de títulos públicos ou investimentos no exterior pode não ser direto.
Tempo	Dedicação exclusiva no investimento e administração dos recursos dos clientes.	Geralmente possui outra ocupação principal, que não a administração dos recursos.
Poder de barganha	Possui maior poder de barganha na compra dos títulos, já que reúne os recursos de vários investidores, aumentando o montante negociado.	O poder de barganha é pequeno, já que negocia apenas com os recursos próprios.
Custo	Os serviços são cobrados, mas muitas vezes os custos são compensados por ter um melhor poder de barganha e conseguir melhores taxas ou preços.	Paga somente os custos de transação e custódia, não necessitando pagar taxa de administração, já que é o administrador dos próprios recursos.
Assunção de risco	Assume posições pelo cliente, com base no perfil de risco apresentado por ele.	A não confiança de que um profissional assimilará o perfil de risco do investidor pode ser o ponto fundamental para que ele resolva administrar diretamente seus recursos, não importando a competência do administrador profissional disponível.

Fonte: Baseado em Cavalcante (2009).

Roteiro para avaliação de investimentos em ações

Começamos pedindo ao leitor que faça uma análise retrospectiva da empresa escolhida antes de investir. As projeções devem ser elaboradas em moeda constante, indicando-se a data-base dos preços, as bases de cálculo usadas nas projeções e as principais premissas utilizadas nestas, principalmente as referentes à estimativa do faturamento (preços e volumes de vendas) e dos custos de produção. Considere as características do segmento em que a empresa atua e as previsões dos indicadores econômicos. Vale o dito de mercado segundo o qual o desempenho passado não é garantia de bons retornos no futuro, mas, certamente, os bons desempenhos minimizam os riscos de investir em empresas do mercado de capitais.

Os recursos a serem investidos deverão estar disponíveis pelos próximos cinco anos ou mais, e investimentos devem ser feitos aos poucos, com disciplina.

Considerações para análise de investimentos em ações:

Administrador interno
- Avaliação da estrutura acionária e organizacional da empresa

Stackholders
- Avaliação das relações com os colaboradores

Desempenho econômico-financeiro passado
- Elaboração dos índices econômicos e financeiros

Comparação temporal
- Evolução dos indicadores da empresa nos últimos anos

Comparação setorial
- Resultados da empresa *versus* dos concorrentes (mercado)

Fonte: Elaborado pelos autores.

As informações sobre as empresas podem ser obtidas nos sites da CVM (www.cvm.gov.br) e da Bovespa (www.bmfbovespa.com.br/). As seguintes informações devem ser levantadas, sendo recomendado usar o balanço consolidado:

Informações gerais da empresa
Nome
Códigos de negociação
Atividade principal
Classificação setorial
Site
Operações da empresa
Linhas de produto
Mercado consumidor
Operações
Logística
Outras informações relevantes
Perspectivas dos investimentos
Investimentos em expansão
Lançamentos de produtos
Novos mercados
Outros projetos estratégicos

Dados econômico-financeiros - R$ - mil			
Balanço patrimonial	Ano 1	Ano 2	Ano 3
Ativo total			
Patrimônio líquido			
Receita líquida operacional			
Lucro antes de juros e impostos			
Lucro líquido			
Depreciação e amortização			
Demonstração do resultado	Ano 1	Ano 2	Ano 3
Receita de venda – Bens/serviços (receita líquida operacional)			
Resultado bruto			
Resultado de equivalência patrimonial			
Resultado financeiro			
Lucro/prejuízo período			
Posição acionária	%ON	%PN	%Total

Classificação de risco – Indicadores/Múltiplos				
Índice	Ano 1 (20%)	Ano 2 (30%)	Ano 3 (50%)	Média ponderada
(1) Liquidez corrente (LC=AC/PC)				
(2) Produtividade do ativo (PA=ROL/AT)				
(3) Alavancagem financeira (AF=AT/PL)				
(4) Margem líquida (ML=LL/ROL)				
(5) Retorno do patrimônio líquido (RPL=LL/PL)				
(6) Preço/lucro (P/L)				
(7) Preço/valor patrimonial (P/VP)				
(8) *Dividend Yield* (D/P)				
ALVO	Perspectivas de preço			
(9) Beta (ß)				
(10) CAPM (ALVO)				

Análise técnica					
Marcar somente uma opção	Compra forte	Compra	Neutro	Venda	Venda forte
(11) Tendências					
(12) Gap					
(13) Bandas de Bollinger					
(14) *Candlestick*					
(15) IFR/MACD					

Agora vamos pensar que somos um banco de investimentos, com recursos de nossos depositantes. Em quem vamos confiar para emprestar esses recursos? Que tal tirarmos uma foto da situação econômico-financeira da empresa (os dados contábeis auditados nos três últimos anos), refletindo a sua história recente? O correto seria dar peso aos dados apresentados, e quanto mais antigo o demonstrativo, menos peso ponderado na avaliação final. Dessa forma, podemos considerar ajustada uma ponderação de 20% para o antepenúltimo período estudado (Ano 1); 30% para o penúltimo ano (Ano 2); e 50% para os dados mais recentes (Ano 3). A média ponderada seria obtida pela soma das partes.

Os primeiros oito indicadores/múltiplos podem ser obtidos pelas fórmulas da tabela, e seus resultados podem ser agrupados e comparados com os setores e o mercado como um todo.

Na sequência, calcular o Beta, ou procurá-lo em site especializado. Através da teoria do *Capital Asset Pricing Model* (CAPM), avalie o impacto do risco sobre o retorno do ativo.

Na análise gráfica, tentar compreender as tendências de longo/médio/curto prazo, identificar os caminhos possíveis para o papel, verificar a existência de *gap*, observar os envelopes das Bandas de Bollinger, os *candles* e o IFR e/ou MACD, escolhendo para esses cinco indicadores somente uma opção para cada: venda forte, venda, neutro, compra ou compra forte.

Veja a direção da maioria! Existem direções opostas? Procure uma empresa com o máximo de indicações na mesma direção. Cada empresa pode ser como uma carta de baralho, com os 15 indicadores financeiros, os alvos e gráficos dispostos e interpretados, conforme descrito anteriormente.

Não corra, lembre-se de que no mercado as informações empresariais são atualizadas quase diariamente. Então, muita cautela, pois é necessário identificar a oportunidade por conta própria e ter convicção da escolha.

A educação financeira é a inteligência mais preciosa que podemos desenvolver continuamente, pois dela dependemos para ter uma aposentadoria com tranquilidade e dignidade.

Obrigado. Bons negócios.

Moises e Ilda Spritzer

Referências

ABE, Marcos. *Manual de análise técnica*: essência e estratégias avançadas. São Paulo: Novatec, 2009.

ANDREZO, Andrea; LIMA, Iran. *Mercado financeiro*: aspectos conceituais e históricos. São Paulo: Atlas, 2007.

ANGELO, C. F.; SILVEIRA, J. A. G. *Finanças no varejo*: gestão operacional – exercícios práticos com resposta. São Paulo: Atlas, 1996.

ASSAF NETO, Alexandre. *Curso de administração financeira*. São Paulo: Atlas, 2009.

BREALEY, Richard A. *Fundamentos da administração financeira*. 3. ed. Rio de Janeiro: McGraw-Hill Irwin, 2002.

_____; MYERS, Stewart C. *Princípios de finanças empresariais*. 3. ed. Portugal: McGraw-Hill, 1992.

BRIGHAM, Eugene F. *Fundamentos da moderna administração financeira*. Rio de Janeiro: Campus, 1999.

BUFFET, Mary; CLARK, David. *Warren Buffet e a análise de balanços*. Rio de Janeiro: Sextante, 2010.

CAVALCANTE, Francisco. *Criação de valor para o acionista*. Rio de Janeiro: FGV, 1999.

_____. *Mercado de capitais*: o que é, como funciona. 7. ed. Rio de Janeiro: Comissão Nacional de Bolsa, Campus, 2009.

COPELAND, Thomas; KOLLER, Tim; MURRIN, Jack. *Avaliação de empresas*: calculando e gerenciando o valor das empresas. 3. ed. São Paulo: Makron Books Ltda., 2002.

_____; WESTON, Fred. *Financial theory and Corporate Policy*. Estados Unidos: Addison Wesley Publishing Company, 1988.

DAMODARAN, Aswath. *Finanças corporativas*: teoria e prática. 2. ed. Porto Alegre: Bookman, 2004.

_____. *Introdução à avaliação de investimentos*: ferramentas e técnicas para a determinação do valor de qualquer ativo. 2. ed. Rio de Janeiro: Qualitymark, 2009a.

_____. *Mitos de investimentos*. São Paulo: Prentice-Hall, 2009b.

_____. *Valuation*: como avaliar empresas e escolher as melhores ações. Rio de Janeiro: LTC, 2012.

DEBASTIANI, Carlos Alberto. *Análise técnica de ações:* identificando oportunidades de compra e venda. São Paulo: Novatec, 2008.

_____. *Candlestick*: um método para ampliar lucros na Bolsa de Valores. Novatec: São Paulo, 2010.

_____; RUSSO, Felipe Augusto. *Avaliando empresas, investindo em ações*: a aplicação prática da análise fundamentalista na avaliação de empresas. São Paulo: Novatec, 2008.

FIPECAFI. *Avaliação de empresas*: da mensuração contábil à economia. São Paulo: Atlas, 2001.

_____. *Retorno de investimento*. São Paulo: Atlas, 1999.

FRANCESCHINI, Ana Carolina Trousdell. *Uma proposta para a determinação do custo de capital do Banespa*. In: *Semead 4*. Anais. São Paulo, out. 1999.

GITMAN, Lawrence J. *Princípios de administração financeira*. 2. ed. Porto Alegre: Bookman, 2001.

GRAHAM, Benjamin. *O investidor inteligente*. Rio de Janeiro: Nova Fronteira, 2007.

HALFELD, Mauro. *Investimentos*: como administrar melhor seu dinheiro. São Paulo: Fundamento Educacional, 2001.

_____. *Seu imóvel*: como comprar bem. São Paulo: Fundamento Educacional, 2002.

HAWAWINI, Gabriel; VIALLET, Claude. *Finanças para executivos*: gestão para criação de valor. São Paulo: Cengage Learning, 2009.

IBGE. *Projeção da população*. Disponível em: <www.ibge.gov.br/home/estatistica/populacao/projecao_da_populacao/2008/piramide/piramide.shtm>. Acesso em: jul. 2012.

KRUGMAN, Paul R.; WELLS, Robin. *Introdução à economia*. Rio de Janeiro: Elsevier, 2007.

LAPPONI, Juan Carlos. *Projetos de investimento*: construção e avaliação do fluxo de caixa: modelos em Excel. São Paulo: Lapponi Treinamento e Editoras, 2000.

LEMES JR., Antônio B. *Administração financeira*: princípios, fundamentos e práticas brasileiras. Rio de Janeiro: Campus, 2002.

MARTINS, Eliseu. *Avaliação de empresas*: da mensuração contábil à economia. São Paulo: Atlas, 2001.

MATIAS, Alberto Borges. *Análise financeira fundamentalista de empresas*. São Paulo: Atlas, 2009.

MATSURA, Eduardo. *Comprar ou vender?*: como investir na bolsa utilizando análise gráfica. 4. ed. São Paulo: Saraiva, 2006.

McKINSEY GLOBAL INSTITUTE. *Global capital markets sixth annual report*, 2009. Disponível em: <www.mckinsey.com/Insights/MGI/Research/Financial_Markets/Global_capital_markets_entering_a_new_era>. Acesso em: jul. 2012.

MOTTA, Regis R. *Análise de investimentos*: tomada de decisões em projetos industriais. São Paulo: Atlas, 2002.

NÉRI, Marcelo; CARVALHO, Kátia; NASCIMENTO, Mabel. *Ciclo da vida e motivações financeiras*. Texto para discussão 691, Ipea, 1999. Disponível em: <www.ipea.gov.br/pub/td/td0691.pdf>. Acesso em: set. 2012.

NYSE EURONEXT HISTORY. Disponível em: <www.nyx.com/en/who-we-are/history/amesterdam>. Acesso em: jul. 2012.

OCDE. *International gateway for financial education*. Disponível em: <www.financial-education.org>. Acesso em: jul. 2012.

PINHEIRO, Ricardo Pena. *Fundos de pensão e mercado de capitais*. São Paulo: Instituto San Tiago Dantas de Direito e Economia/Peixoto Neto, 2008.

PINHEIRO, Juliano Lima. *Mercado de capitais*: fundamentos e técnica. 5. ed. São Paulo: Atlas, 2009.

PUCCINI, Abelardo L. *Matemática financeira objetiva e aplicada com planilha eletrônica*. 5. ed. São Paulo: LTC, 1997.

RAPPAPORT, Alfred. *Gerando valor para o acionista*: um guia para administradores e investidores. São Paulo: Atlas, 2001.

ROXBURGH, Charles; LUND, Susan; ATKINS, Charles; BELOT, Stanislas; HU, Wayne W.; PIERCE, Moira S. *Global capital markets*: entering a new era. McKinsey Global Institute, 2009.

RODRIGUES, Alexandre; FERREIRA DE SOUSA, Almir. Custo do capital próprio em empresas com autofinanciamento positivo. *Semea 4*. Anais. São Paulo, out. 1999.

ROSS, Stephen A. *Princípios de administração financeira*. São Paulo: Atlas, 1998.

_____; WESTERFIELD, Randolph; JAFFE, Jeffrey. *Administração financeira*: corporate finance. São Paulo: Atlas, 1995.

ROSSETTI, José Paschoal. *Introdução à economia*. 17. ed. São Paulo: Atlas, 1997.

SANTOS, Durval José Soledade. *Os 30 anos da CVM e a pujança do mercado de capitais. Revolução no mercado de capitais do Brasil*: o crescimento recente é sustentável?. Rio de Janeiro: Elsevier, 2008.

SANVICENTE, Antonio Zoratto; MELLAGI FILHO, Armando. *Mercado de capitais e estratégias de investimento*. São Paulo: Atlas, 1996.

SECURATO, José Roberto. *Decisões financeiras em condições de risco*. São Paulo: Atlas, 1996.

SCHUMPETER, Joseph. *The theory of economic development*. Estados Unidos: Transaction Publisher, 1983.

WORLD FEDERATION EXCHANGES. *2011 WFE market highlights*. Disponível em: <www.world-exchanges.org/files/file/stats%20and%20charts/2011%20WFE%20Market%20Highlights.pdf>. Acesso em: jul. 2012.

Links para investidores

www.abecip.org.br
Histórico, atividades, produtos e serviços, comissões, estatísticas, séries históricas, associados, Abrafi, SFI, links e Databecip.

portal.anbima.com.br
Associação Nacional das Instituições do Mercado Aberto.

www.anefac.com.br
Site da Associação Nacional de Factoring.

www.austin.com.br
Consultoria sobre o sistema bancário.

www.bacen.gov.br
Site do Banco Central do Brasil.

www.bloomberg.com
A americana Bloomberg reúne notícias e cotações atualizadas do Brasil e do exterior durante o dia.

www.bndes.gov.br
Site do BNDES apresenta a empresa, seus produtos e serviços, o programa de privatização, publicações, notícias e programa sobre cultura.

www.bmfbovespa.com.br
Site da Bolsa de Valores, Mercadorias e Futuros.

www.br.advfn.com/
Portal de investimentos em ações da bolsa de valores do Brasil, com cotações da Bovespa e BM&F.

www.cbot.com
Site da Bolsa de Valores de Chicago.

www.comoinvestir.com.br
Portal de educação financeira (Anbima).

www.cetip.com.br
Central de operações de títulos.

www.cvm.gov.br
Site da CVM: legislação sobre o mercado de capitais, balanços das empresas de capital aberto e demais tópicos de títulos mobiliários. Em destaque o Portal do Investidor

www.debentures.com.br
Site do Sistema Nacional de Debêntures.

www.economatica.com
Site da Consultoria Economatica, com informações econômico-financeiras sobre as empresas de capital aberto.

www.economist.com
Site da The Economist, acesso gratuito à matéria de capa e a alguns artigos selecionados.

www.exame.com.br
O site da Exame reúne notícias do mercado durante o dia, além de reportagens sobre o mundo e a vida dos executivos.

**exame.abril.com.br/seu-dinheiro/acoes/noticias/os-pensadores-
-que-todo-investidor-deve-conhecer**
No site da revista *Exame*, especialistas em finanças indicam nomes de pensadores para investidores profissionais ou não.

www.fenaseg.org.br
Site da Federação Nacional de Seguros.

www.fiesp.com.br
Site da Federação das Indústrias do Estado de São Paulo (Fiesp).

www.financenter.com.br
Simulação de operações no mercado financeiro, desde as melhores condições de financiamento imobiliário até a elaboração do orçamento familiar.

www.forbes.com
Empresa de mídia na área da internet com informações sobre negócios mundiais.

www.fundamentus.com.br
Informações financeiras e fundamentalistas das empresas com ações listadas na Bovespa.

www.fundos.com
Atende à necessidade de informações do investidor; apresenta links com desempenho dos fundos, Imposto de Renda e glossário.

www.guiainvest.com.br
Recursos e ferramentas para que os investidores possam trocar informações sobre investimentos.

www.ibcg.org.br
Site do Instituto Brasileiro de Governança Corporativa.

www.infomoney.com.br
Site financeiro.

www.interbrand.com
Interbrand, uma das principais empresas que realizam valoração da marca de empresas.

www.investor.com
Site da Microsoft, com indicadores, gráficos, artigos e corretoras americanas.

www.ipea.gov.br
Instituto de Pesquisas Econômicas Aplicadas (Ipea).

www.lipperweb.com
A americana Lipper Analytical é uma das mais completas fontes sobre fundos americanos e offshore.

www.londonstockexchange.com
Site da Bolsa de Valores de Londres.

www.multex.com
Multex Investor - Notícias sobre 10 mil empresas.

www.nyse.com
Site da Bolsa de Valores de Nova York.

www.mps.gov.br/previc.php
Site da Secretaria de Previdência Complementar.

www.reuters.com
No site da Reuters estão disponíveis cotações de bolsas de valores internacionais, artigos e notícias.

http://www.reuters.com/finance/commodities
Site da agência Reuters especializado em mercado de *commodities* (produtos agrícolas e metais).

www.smartmoney.com
A revista *Smart Money* oferece índices de ações, análise de mercado e um serviço para esclarecimento de dúvidas.

www.srrating.com.br
Site da agência de classificação de risco SR Rating, com informações sobre empresas brasileiras.

www.susep.gov.br
Superintendência de Seguros Privados (Susep).

www.uol.com.br
Cotação do dólar, inflação no Brasil, rendimento da poupança e links para revistas especializadas em finanças.

www.valor.com.br
Publicação especializada em economia, negócios e finanças.

www.yahoo.com/business/
Por meio dessa página de pesquisa, é possível acessar diversos sites da área de finanças.

Livros publicados pela Coleção FGV de Bolso

(01) *A história na América Latina – ensaio de crítica historiográfica* (2009)
de Jurandir Malerba. 146p.
Série 'História'

(02) *Os Brics e a ordem global* (2009)
de Andrew Hurrell, Neil MacFarlane, Rosemary Foot e Amrita Narlikar. 168p.
Série 'Entenda o Mundo'

(03) *Brasil-Estados Unidos: desencontros e afinidades* (2009)
de Monica Hirst, com ensaio analítico de Andrew Hurrell. 244p.
Série 'Entenda o Mundo'

(04) *Gringo na laje – produção, circulação e consumo da favela turística* (2009)
de Bianca Freire-Medeiros. 164p.
Série 'Turismo'

(05) *Pensando com a sociologia* (2009)
de João Marcelo Ehlert Maia e Luiz Fernando Almeida Pereira. 132p.
Série 'Sociedade & Cultura'

(06) *Políticas culturais no Brasil: dos anos 1930 ao século XXI* (2009)
de Lia Calabre. 144p.
Série 'Sociedade & Cultura'

(07) *Política externa e poder militar no Brasil: universos paralelos* (2009)
de João Paulo Soares Alsina Júnior. 160p.
Série 'Entenda o Mundo'

(08) *A mundialização* (2009)
de Jean-Pierre Paulet. 164p.
Série 'Sociedade & Economia'

(09) *Geopolítica da África* (2009)
de Philippe Hugon. 172p.
Série 'Entenda o Mundo'

(10) *Pequena introdução à filosofia* (2009)
de Françoise Raffin. 208p.
Série 'Filosofia'

(11) *Indústria cultural – uma introdução* (2010)
de Rodrigo Duarte. 132p.
Série 'Filosofia'

(12) *Antropologia das emoções* (2010)
de Claudia Barcellos Rezende e Maria Claudia Coelho. 136p.
Série 'Sociedade & Cultura'

(13) *O desafio historiográfico* (2010)
de José Carlos Reis. 160p.
Série 'História'

(14) *O que a China quer?* (2010)
de G. John Ikenberry, Jeffrey W. Legro, Rosemary Foot e Shaun Breslin. 132p.
Série 'Entenda o Mundo'

(15) *Os índios na História do Brasil* (2010)
de Maria Regina Celestino de Almeida. 164p.
Série 'História'

(16) *O que é o Ministério Público?* (2010)
de Alzira Alves de Abreu. 124p.
Série 'Sociedade & Cultura'

(17) *Campanha permanente: o Brasil e a reforma do Conselho de Segurança das Nações Unidas* (2010)
de João Augusto Costa Vargas 132p.
Série 'Sociedade & Cultura'

(18) *A construção da Nação Canarinho – uma história institucional da seleção brasileira de futebol 1914-70* (2010)
de Carlos Eduardo Sarmento. 148p.
Série 'História'

(19) *Obama e as Américas* (2011)
de Abraham Lowenthal, Laurence Whitehead e Theodore Piccone. 210p.
Série 'Entenda o Mundo'

(20) *Perspectivas macroeconômicas* (2011)
de Paulo Gala. 134p.
Série 'Economia & Gestão'

(21) *A história da China Popular no século XX* (2012)
de Shu Sheng. 204p.
Série 'História'

(22) *Ditaduras contemporâneas* (2013)
de Maurício Santoro. 140p.
Série 'Entenda o Mundo'

(23) *Destinos do turismo – percursos para a sustentabilidade* (2013)
de Helena Araújo Costa. 166p.
Série 'Turismo'

(24) *A construção da Nação Canarinho – uma história institucional da seleção brasileira de futebol, 1914 - 1970* (2013)
de Carlos Eduardo Barbosa Sarmento. 180p.
Série 'História'

(25) *A era das conquistas – América espanhola, séculos XVI e XVII* (2013)
de Ronaldo Raminelli. 180p.
Série 'História'

(26) *As Misericórdias portuguesas – séculos XVI e XVII* (2013)
de Isabel dos Guimarães Sá. 150p.
Série 'História'

(27) *A política dos palcos – teatro no primeiro governo Vargas (1930-1945)* (2013)
de Angélica Ricci Camargo. 150p.
Série 'História'